W0233776

Zu diesem Buch

Alberto Moravia (eigtl. Alberto Pincherle) wurde am 28. November 1907 in Rom als Sohn eines aus Mähren eingewanderten Architekten geboren. In seiner Jugend jahrelang von einer schweren Krankheit ans Bett gefesselt, wurde er von einem Privatlehrer erzogen. Nach seiner Genesung begann er 1925 zu schreiben. Sein Roman »Die Gleichgültigen« (1925; rororo Nr. 570) wurde von den Faschisten ebenso verboten wie die Novelle »La mascherata« (1941), eine getarnte satirische Darstellung der Diktatur. In seiner Heimat verfemt, ging er als Zeitungskorrespondent nach Griechenland, England, China, Rußland und Amerika. Sein Knabenroman »Agostino« (1944; rororo Nr. 5630) erhielt den ersten italienischen Literaturpreis, der nach der Befreiung des Landes verliehen wurde. 1951 wurde Alberto Moravia zum erstenmal für den Nobelpreis vorgeschlagen. 1952 erhielt er den Premio Strega.

In der Reihe der rororo-Taschenbücher liegen außerdem vor: »Gefährliches Spiel« (Nr. 331), »Die Römerin« (Nr. 513), »Cesira« (Nr. 637), »Die Mädchen vom Tiber« (Nr. 673), »Römische Erzählungen« (Nr. 705), »La Noia« (Nr. 876), »Inzest« (Nr. 1077), »Ich und Er« (Nr. 1666), »Das Paradies« (Nr. 1850), »Ein anderes Leben« (Nr. 4083), »Desideria« (Nr. 4757), »1934 oder Die Melancholie« (Nr. 5485), »Die Verachtung« (Nr. 5627), »Die Lichter von Rom« (Nr. 5628), »Der Konformist« (Nr. 5629), »Der Ungehorsam« (Nr. 5631), »Judith in Madrid« (Nr. 5834), »Die Frau im schwarzen Cape« (Nr. 12277) und »Der Zuschauer« (Nr. 12521).

Dacia Maraini, geboren 1936 in Florenz als Tochter einer sizilianischen Prinzessin und des berühmten Orientalisten Fosco Maraini, begann noch vor dem Abitur zu schreiben. Während des Kriegs lebte sie in Japan, dann kehrte sie zurück und studierte in Florenz, Palermo und Rom. Ihr literarischer Mentor Alberto Moravia, den sie später heiratete, ließ sie ihre ersten Erzählungen, die sie ihm vorlegte, immer wieder umschreiben und veröffentlichte sie schließlich in seiner Zeitschrift »Nuovi Argomenti«. Sie schrieb Romane, Erzählungen, Dramen, Gedichte und Essays. Dacia Maraini lebt in Rom.

Dacia Maraini

Der Junge Alberto
Gespräche mit Alberto Moravia

Deutsch von Traute Rafalski
Nachwort von Christoph Klimke

Rowohlt

Die italienische Originalausgabe erschien 1986
unter dem Titel »Il bambino Alberto«
bei Gruppo Editoriale Fabbri Bompiani,
Sonzogno, Etas S.p.A., Milano

Veröffentlicht im Rowohlt Taschenbuch Verlag GmbH,
Reinbek bei Hamburg, März 1990
Copyright © der deutschsprachigen Ausgabe 1987 by
Alexander Verlag GmbH, Berlin
»Il bambino Alberto«
Copyright © 1986 by Gruppo Editoriale Fabbri
Bompiani, Sonzogno, Etas S.p.A., Milano
Gesamtherstellung Clausen & Bosse, Leck
Printed in Germany
780-ISBN 3 499 12606 0

Inhalt

Alberto

DACIA *Kannst Du Dich noch erinnern, wie das erste Haus aussah, in dem Du gewohnt hast?*

ALBERTO Sicher, schließlich habe ich acht Jahre dort gewohnt. Es war ein vierstöckiges Wohnhaus in der Via Sgambati, und dazu gehörte ein kleiner, sehr dichtbewachsener Garten, der allerdings größer wirkte, weil er bis zum Nachbarsgarten reichte.

Was war das für ein Garten?

Ein Garten, wie man ihn häufig in Villenvierteln antrifft: mit kleinen Brunnen, Beeten und schmalen Kieswegen. Mein Vater hatte ihn selber angelegt und mit Bäumen und Gewächsen fast schon zugepflanzt.

Hast Du dort viel Zeit zugebracht?

So viel ich nur konnte. Es gab dort ein ›berceau‹, eine Laube, ganz überzogen mit winzigkleinen weißen Rosen, die einen strengen, staubigen Duft ausströmten.

Staubig — wie meinst Du das? Lag auf ihnen Staub, vielleicht Staub von der Straße?

Ich weiß auch nicht, wo der Staub herkam, damals lag er überall. Die Rosen waren auch nicht eigentlich staubbedeckt, eher staubumhüllt. Der Wind hatte den Staub von der römischen Campagna herangeführt, Rom war damals eine Stadt auf dem Land.

Und was war mit der Laube?

Diese Stelle in unserem Garten liebte ich über alles. Ich ging zum Lesen dorthin und ließ mich von dem Duft dieser Röschen betäuben. Stundenlang konnte ich die Blumen betrachten: die Zinnien, die gelben Margareten, die Löwenmäulchen, die Vergißmeinnicht, die Tulpen. An den Bäumen waren es besonders die gelben Blüten der Mimosen, die mich anzogen, und die schwarzen Bällchen an den Lorbeerbäumen. Im Mai dann, als es überall von Insekten wimmelte, schaute ich den Hornissen und Bienen zu, wie sie sich in den entblätterten Blütenkorb der fleischigen Pfingstrosen hineinzwängten.

Du sprichst wie von einem Rausch der Sinne.

Es waren wirklich Augenblicke voll sinnlichen Glücks.

Wie sah das Haus aus?

Es war eines dieser unauffälligen Wohnhäuser: sein biskuitfarbenes Mauerwerk erweckte den Eindruck bürgerlicher Ruhe und Behaglichkeit.

Und wie sah es innen aus?

Zu ebener Erde befand sich das Arbeitszimmer meines Vaters, es ging zum Garten hinaus. Ich kann mich noch an einen großen Zeichentisch und an eine Bibliothek aus massivem Nußbaum mit zwei gewundenen Trägern für die Konsolen erinnern. Diese Bibliothek übte eine starke Anziehung auf mich aus. Auch den Tisch mochte ich. Man konnte die Tischplatte schräg stellen. Obenauf lagen mit Reißzwecken befestigte Karten, Zirkel, Tuschfedern und jede Menge Farbstifte. Die Grundrisse der Häuser, an denen mein Vater gerade arbeitete, betrachtete ich mit besonderer Vorliebe.

Hast Du denn niemals daran gedacht, so wie er Architekt zu werden?

Nein, nie. Seit meinem fünften Lebensjahr wußte ich, daß ich Geschichten erzählen wollte.

In welchem Stil baute Dein Vater seine Häuser?

In dem Stil seiner Zeit, im Jugendstil. Zur Verzierung der Fassaden hatte er sich aus Frankreich große Fotoalben mit Abbildungen von Dekorationsmustern kommen lassen, und ich ging oft in sein Arbeitszimmer, nur um diese Alben durchzublättern, so sehr faszinierten mich Dinge wie die Gesimsformen, Steinrosetten, Akanthusblätter, Giebel, Kapitelle. Die Fassaden waren zwar nicht der Rede wert, aber innen waren seine Häuser ausgesprochen behaglich, schön geräumig und von Licht durchflutet. Sein letztes Haus hat er, wenn ich nicht irre, für Scarfoglio, Sohn der Matilde Serao, entworfen, der damals ein berühmter Journalist war. Von Zeit zu Zeit stellte sich mein Vater in meinem Zimmer vors Fenster, formte seine Hand zu einem Fernrohr und betrachtete das Gebäude, das er einmal entworfen hatte.

Dann wird es ihm wohl gefallen haben.

Es hat ihm offensichtlich große Befriedigung bereitet.

Vielleicht auch weil es sein letztes war. War es das wirklich?

Ja, ich glaube schon. Danach hat er aufgehört, Häuser zu entwerfen. Es kamen keine Kunden mehr.

Er hat also aufgehört, weil er keine Aufträge mehr bekam, und nicht, weil er sich aus seinem Beruf zurückziehen wollte. Warum hatte er seine Kundschaft verloren?

Meine Mutter behauptete, er hätte seine Kunden schlecht behandelt und sei schroff und unfreundlich gewesen. Ich vermute eher, daß es inzwischen eine neue Generation von Architekten gab, sie waren jünger und modischer orientiert. Er hat seine Zeit gehabt, und die war eben vorbei.

Wovon habt ihr nach dem Ausbleiben der Kundschaft gelebt?

Mein Vater hatte seine Ersparnisse in drei Häusern angelegt, zwei standen in der Via Sgambati und eines in der Via Paisiello, außerdem in die kleine Villa in der Via Donizetti, in die wir später einziehen sollten. Nachdem er nicht mehr arbeitete, lebten wir von den Mieteinnahmen der Häuser. Wir waren keinesfalls reich, sondern wohlhabend, wie man so sagt.

Erzähl doch mehr von dem Haus, Du warst beim Arbeitszimmer Deines Vaters. Wie sahen die anderen Räume aus?

Die Haustür führte in ein Vestibül, das mit Buntglas versehen war, in den Farben blau, gelb, grün und rot, ganz im Geschmack der Zeit. Gleich links war der Salon, dann kam das Eßzimmer, und über einen Korridor gelangte man in die Küche. Dieser Korridor hatte es mir ganz besonders angetan. Er hatte etwas Bedrohliches, weil er dunkel und verfänglich war. Aber gleichzeitig zog er mich auch an: Ein Gefühl der Angst, das fast so etwas wie Wohlbehagen auslöste. Der Korridor ist ein idealer Ort – dachte ich mir – um Fallen zu stellen, und so versteckte ich mich hinter einer Topfpalme und wartete ab.

An wen dachtest Du dabei?

An meinen Vater, um ihm aufzulauern.

Du hast gewartet, bis er endlich vorbeikam, um über ihn herzufallen?

Nein, ich fiel nicht über ihn her. Ich blieb in meinem Versteck, und mein Vater ging vorbei und bemerkte mich nicht.

So war es eher Deine Vorstellung eines Hinterhaltes, die Dich reizte, und nicht so sehr der Hinterhalt selber.

Ja, genau, die Idee des Hinterhaltes war ganz nach meinem Geschmack. Mein Vater ging also vorbei auf seinem Weg in die Küche, und ich wußte genau, was er vorhatte: Etwas, womit er den Unwillen der Köchin erregte und meine Mutter verärgerte. Er nahm den Deckel vom Topf mit der Sauce, griff nach einem Stück Brot, tunkte es in die Tomatensauce und aß es auf.

Naschte Dein Vater gern?

Sehr gern, er hatte eine besondere Vorliebe für die ländlich-deftige Kost, mit viel Zwiebeln und viel Knoblauch. Zum Anmachen seiner Pasta nahm er statt der zubereiteten Tomatensauce ungekochte Tomaten aus der Konservendose. Eine solche Dose stand immer vor seinem Teller. Diese Angewohnheiten stammten noch aus seiner zwanzigjährigen Junggesellenzeit, als er in venezianische und römische Gaststätten essen ging. Ganz begierig war er auf alles Rohe, obwohl damals die Gefahr bestand, sich mit Typhus anzustecken. Uns hatte er das verboten.

Willst Du damit sagen, daß er den Salat aß, den Ihr nicht anrühren durftet?

Ja, weil wir uns keinerlei Gefahr aussetzen sollten. Außerdem wollte er sein Gemüse lieber selbst anrichten. Für die grünen Bohnen, entsinne ich mich, konnte er eine Knoblauchzehe endlos zerkleinern, oder er mischte Zwiebeln unter den Kopfsalat. Er aß auch gern Gemüsesuppen aus Bohnen oder Kichererbsen, so wie überhaupt alle ersten Gänge. Aber eines seiner Lieblingsgerichte war sicherlich Stockfisch, den man in Venetien auf vielerlei Art anrichtet: in sahniger Sauce, alla Vicentina oder gesotten mit Petersilie oder auch Tomaten. Ganz verrückt war er darauf, und wenn ihm etwas schmeckte, schnalzte er mit der Zunge. Das konnte meine Mutter überhaupt nicht leiden. Sie hielt viel auf gute Manieren, und diese Angewohnheiten meines Vaters empfand sie als derb. Er schmatzte zum Beispiel oder entfernte mit einem Stückchen Brot Tomatenreste aus seinem Schnurrbart, um es dann aufzuessen.

Und wie hast Du als Kind diese Angewohnheiten empfunden?

Damals waren sie mir unangenehm, aber später, als ich größer war, kamen sie mir harmlos vor.

Laß uns weiter von Eurem Haus sprechen. Wie sah der Salon aus?

Er war groß und hatte Tapeten mit winzigkleinen Rosen auf gestreiftem Grund, soweit ich mich erinnere. Eingerichtet war er mit hellen Buchsbaum-Möbeln mit eingelegten Blumenintarsien, mit Lampenschirmen, die herabhängende Glasstückchen und kleine Perlen verzierten, und mit verschiedenem Nippes. Ich kann mich noch an einige Gegenstände aus Lalique- und Muranoglas erinnern.

War es eher der Geschmack Deines Vaters, der sich in Eurem Haus zeigte, oder der Deiner Mutter?

Mein Vater hatte die Möbel und die Tapeten ausgewählt. Meine Mutter besaß im Salon eine Ecke für sich, dort standen ein englischer Schreibtisch und Bücherregale aus Mahagoni, mit den Büchern von Autoren, die damals in Mode waren: Pitigrilli, D'Annunzio, Guido Da Verona, Virgilio Brocchi, Lucio D'Ambra, Mario Mariani. Ich erinnere mich noch an einen Titel, der bei den Damen großen Anklang fand, *L'amour est mon péché*, von einem französischen Anonymus. Wie alle französischen Romane hatte dieses Buch einen gelben Einband. Und dann war da *Madame*

Crysanthème von Pierre Loti neben zahlreichen Romanen von Willy und Colette, Broschüren mit Illustrationen, an denen ich mich gar nicht satt sehen konnte.

Las Deine Mutter viel?

Ja, aber sie war nicht eine wirklich gebildete Frau. Nie gelang es ihr, zwischen zwei Büchern eine Verbindung herzustellen. Beim Bücherkauf ließ sie sich vom Buchhändler beraten. Auch mir schenkte sie Bücher, die ihr der Buchhändler empfohlen hatte. Das waren manchmal Bücher ohne besonderen Wert, manchmal aber auch gute Bücher. Eines Tages schenkte sie mir *Kim* von Kipling, den sie mir als den Schriftsteller Kliping anpries.

Wie war das bei Deinem Vater, las er?

Wenig. Er hatte es sich zur Gewohnheit gemacht, vor dem Mittagschlaf noch zu lesen. Ich denke aber, daß er in seiner Jugend mehr gelesen hat. In seiner Bibliothek standen gänzlich ungeordnet nebeneinander Fachbücher über Architektur und Ingenieurwesen, die *Storia della Rivoluzione francese* von Thiers, Shakespeares Gesamtwerk in der Übersetzung von Rusconi, Molières Theaterstücke auf französisch, die *Storia del Risorgimento*, die *Divina Commedia* und der *Orlando furioso* mit Illustrationen von Doré, Gregorovius' *Storia di Roma*, eine bebilderte Biographie Napoleons von De Norvins, Goldonis Gesamtwerk in einer prachtvollen Ausgabe zu seinem zweihundertsten Geburtstag. Aus diesen Büchern habe ich Venezianisch gelernt, sogar die Mundart von Chioggia. Obwohl ich die Bücher fast bis zur Unkenntlichkeit zerlesen habe, ist er deswegen nie in Zorn geraten. Er konnte sehr großzügig sein, trotz seiner Wutanfälle.

Bei welchen Gelegenheiten geriet er denn in Wut?

Nie bei wichtigen Dingen, sondern immer aus nebensächlichen Anlässen. So zum Beispiel, wenn man ihn in seinen Gewohnheiten störte. Nachmittags wollte er gern schlafen, wenn dann je-

13

mand Lärm machte, während er auf seinem Zimmer war, ertönte unüberhörbar sein Wutgeheul.

Brüllte er eher Euch oder Eure Mutter an?

Häufiger uns. Mit meiner Mutter geriet er, wenn überhaupt, in heftige Wortwechsel.

Hast Du als Kind unter seiner cholerischen Veranlagung sehr gelitten?

Er konnte mich aus der Fassung bringen. Einfach absurd kam mir das falsche Verhältnis von Ursache und Wirkung vor. Im übrigen war er ein liebevoller Vater, obwohl er seine Gefühle nicht ausdrücken konnte. Um Dir an einem Beispiel zu zeigen, wie sehr er uns umsorgte: In der Villa in der Via Donizetti, in die wir später umzogen, befand sich auf halber Höhe ein Treppenabsatz mit einer Konsole, die eine Marmorplatte trug. Weil er nun befürchtete, wir könnten uns womöglich an den vorstehenden Kanten stoßen, verkleidete er diese an den Ecken mit Pappe.

Zurück zur Via Sgambati: wo befanden sich dort die Schlafzimmer?

Im ersten Stock.

Du hast erzählt, daß Euer Wohnhaus in der Via Sgambati aus vier Etagen bestand, und Ihr in den beiden ersten wohntet. Wer waren die anderen Mitbewohner im Haus?

Wir hatten die beiden unteren Etagen, und die beiden oberen wurden von der Familie Malagodi, mit Vater, Mutter und zwei Kindern, bewohnt. Eines der Kinder war Giovanni Malagodi.

Habt Ihr Euch oft gesehen?

Selten. Ich kann mich erinnern, daß ich einige Male nach oben gegangen bin, um die Briefmarkensammlung von Giovanni Malagodi zu bewundern, auf die er sehr stolz war.

War das jener junge Malagodi, dessen Charakter und Erziehung Deine Mutter Dir gegenüber besonders gerühmt hat?

Nein, das war der junge Mario Soldati, aber das war später, als wir an die See fuhren.

Wie hast Du ihn in Erinnerung?

Am Strand von Viareggio stand ein rotes Strandzelt. Unter seinem aufgespannten Schirm sah man eine Dame und nicht weit von ihr einen Jungen. Also, das war der junge Soldati. Man erzählte sich, er habe einen kleinen Jungen vor dem Ertrinken im Po gerettet. Wie meine Mutter ihn schilderte, war er unglaublich tüchtig und artig und sollte mir ein Vorbild sein.

Wie sah er aus?

Das weiß ich nicht mehr. Nur an diesen einen Satz kann ich mich noch erinnern und an den roten Strandschirm mit dem weißen Besatz.

Erzähle mir mehr von Giovanni Malagodi.

Er war einige Jahre älter als ich und gab sich schon ganz erwachsen. Trotz seines Alters wirkte er fast wie ein Intellektueller. Jedenfalls in meiner Erinnerung. Sein Vater hieß Olindo und war der Herausgeber der Tageszeitung *Il Giornale d'Italia*, wenn ich mich nicht irre, eine der wichtigsten Zeitungen in jener Zeit. Meine Mutter sprach immer voller Bewunderung von diesen Malagodis, die in ihren Augen unablässig in irgendeine Lektüre versunken waren.

Wie sahen Eure Schlafzimmer aus und wieviele waren es?

Das Schlafzimmer meiner Eltern war im Jugendstil eingerichtet und bestand aus Kommode, Bett, Armstühlen und einem Schrank. Das Schlafzimmer meiner Schwestern war im funktionellen Stil und ganz in weiß gehalten. Mein Zimmer war genauso. Wir hatten Messingbetten, an die kann ich mich noch genau erinnern. Schließlich befand sich auf der ersten Etage noch das sogenannte Spielzimmer.

Welche Spiele hattet Ihr? Habt Ihr drei Geschwister überhaupt zusammen gespielt?

Nein, ich hatte mein eigenes Spielzeug, zum Beispiel einen Metallbaukasten mit gelochten Eisenteilen und Schrauben, die zusammengefügt werden mußten. Ich hatte auch Baukästen mit Holzelementen, die wie Bögen, Säulen, Grundmauern und Sokkel aussahen. Später bekam ich dann ein Puppen-Theater, und mein Vater schenkte mir Marionetten, die sich mit Hilfe von Drähten aufrecht hielten. Ich konnte Stunden damit verbringen, diese Marionetten an- und auszukleiden.

Was hast Du mit Deinen Marionetten aufgeführt?

Eigentlich nichts. Ich habe versucht, mir Aufführungen auszudenken, aber es wollte nicht gelingen, ich war wohl zu klein dafür. Ich erinnere mich noch, daß an dem Theatergiebel eine lachende und eine weinende Maske angebracht waren, die Maske der Komödie und die der Tragödie. Im Innern konnte man die Kulissen aus bunt bemaltem Karton verschieben: zu einem Dorfplatz, einem Schlafzimmer, einem Salon, einer Gebirgslandschaft.

Wie alt warst Du, als Du mit den Marionetten gespielt hast?

Etwa sieben, acht Jahre.

Womit spielten Deine Schwestern?

Die hatten ihre Puppen, ihre Nähkörbchen mit Nadeln und Nähgarn, ihre Aussteuer in Miniatur. Und dann waren da die Bücher der Madame de Ségur, rot und Gold gebunden, mit den Illustrationen zeitgenössischer Zeichner. Doch diese Bücher lasen wir gemeinsam. Das heißt, die Gouvernante las sie uns auf französisch vor.

Hattet Ihr immer Gouvernanten?

Sogar viele, weil meine Mutter sie häufig wechselte.

Ist Dir eine besonders in der Erinnerung geblieben, die Dich möglicherweise in Deiner Entwicklung beeinflußt hat?

Ja, das war Madame Durand aus Nîmes. Sie blieb von allen am längsten bei uns.

Erzähl mir von Madame Durand.

Sie war ein älteres Fräulein von herbtrockener Art, mit einer Vorliebe für Sentenzen. Mitunter wandte sie uns ihr Profil zu und sagte, sie habe eine ›Bourbon‹-Nase. Sie sprach oft von ihren Nichten und Neffen, die in der Provence lebten und sie »tantine« nannten. Mit ihrer schönen Stimme und der ausgezeichneten Aussprache war sie eine gute Vorleserin.

War sie liebevoll zu euch Kindern?

Nicht besonders, aber ihr Einfluß auf uns war größer als der meiner Mutter.

Lag das nur daran, daß sie am längsten bei Euch geblieben war, oder wußte sie sich auch Achtung zu verschaffen?

Sie war eine Persönlichkeit. Sie hatte zwar strenge Prinzipien, blieb dabei aber ganz vernünftig.

In Deinem Roman Der Ungehorsam *sprichst Du von einer Gouvernante, die Dich eine Zeitlang sexuell erregte. Hast Du Dich bei dieser Schilderung von einem eigenen erotischen Erlebnis anregen lassen?*

Das schon, aber es handelte sich dabei nicht um Madame Durand. Vorbild zu der Gouvernante in *Der Ungehorsam* war eine Polin, die uns Kinder einige Zeit betreute. Sie war um die vierzig Jahre alt, dazu schön und temperamentvoll.

In Der Ungehorsam *erzählst Du, daß sie Dich beim Baden liebkoste.*

Es stimmt, sie liebkoste mich, als ich badete. Im Buch lieben sich dann Luca und die Frau, während wir das in Wirklichkeit nicht getan haben. Und sie hat mir auch keinen Kuß gegeben.

Und doch wiederholt sich der Kuß, den Du in Der Ungehorsam *beschrieben hast, als immer wiederkehrendes Thema der Abneigung und Anziehung.*
»*Auch im Kuß, dem ersten seines Lebens, erschien Luca wieder der zwiespältige Eindruck, wohlig und widrig zugleich. Die Lippen der Frau, fleischig, weich, wölbten sich über den seinen, als wollten sie sie verschlingen, samt Mund und Kinn und Nasenwurzel, kreisend umhüllendes Saugen… Die Zunge der Gouvernante kreiste in Lucas Mund, als wollte sie nicht nur dessen sämtliche Winkel, sondern seinen ganzen Körper durchforschen und würde in diesem Vorhaben einzig und allein durch ihre Kürze gehindert…*«[1]
Die Zunge, dieser weibliche Gegenstand, kehrt in Deinen Büchern immer wieder, als etwas Eigenmächtiges, das Dir keine Ruhe läßt. Du hast sie einmal mit einer »Schnecke, die aus ihrem Haus schießt« verglichen, und den Kuß vergleichst Du mit einem Strudel, einem Brunnen, in dessen Tiefen man hinabsinkt… Im gleichen Atemzug sagst Du dann: »… aber wie gewohnt, lockte es ihn, eben weil es ihn abstieß.« Eine Gedankenverbindung, die Du viele Male wiederholst.

In dem Buch spreche ich von der polnischen Gouvernante, das stimmt. Aber ich habe ihr Dinge zugeschrieben, die ich nie mit ihr gemacht habe. Wir haben uns noch nicht einmal geküßt. Die ersten Küsse bekam ich erst sehr viel später, und nicht von Gouvernanten oder Hausmädchen.

In Der Ungehorsam *sehnt sich Luca danach zu sterben. Er macht dieses Todesverlangen paradoxerweise zu seinem Lebensinhalt. Vielleicht erwächst ihm hieraus gleichsam sein Behagen an dem, was ihn abstößt. Hast Du nicht selbst in Deiner Kindheit den Wunsch verspürt zu sterben? Gab es Zeiten, in denen Du ein solches Verlangen verspürtest?*

Nein, obwohl mich meine Krankheit lange Jahre ans Bett gefesselt hatte, meinen Lebenswillen hat sie mir nicht genommen. Ich wollte nie sterben, ich wollte leben, nur gelang mir dies nicht allzu gut.

Laß uns nocheinmal auf das Haus und Euer Familienleben zurückkommen. Wieviel Dienstpersonal hattet Ihr abgesehen von den Gouvernanten?

Eine Köchin und ein oder zwei Hausmädchen.

Wo waren sie untergebracht?

Im Souterrain des Hauses, wo sich auch der Keller, der Heizkessel und die Speisekammer befanden. Dort bewahrte meine Mutter ihre Marmeladentöpfe auf, ebenso den Wein, die Teigwaren und den Käse.

Kannst Du Dich noch an die Düfte und Gerüche dieser Vorräte erinnern? Mochtest Du mehr das Essen selbst oder eher seinen Duft?

Für Gerüche hatte ich ein besonderes Gespür. Aber auch Schmekken war mir wichtig. Im allgemeinen zog ich Gesalzenes dem Süßen vor. Ich kann mich noch an die Gnocchi aus Ricotta und den Spinat in Butter erinnern, beides aß ich gern. In meinem Elternhaus gab es gewöhnlich schwere Speisen: Das Gemüse wurde in der Pfanne gedünstet, die Pasta mit Sauce überladen, das Fleisch stark durchgekocht und in Öl schwimmend angerichtet.

Und wie sah die Küche im Souterrain aus? Kamst Du überhaupt dorthin?

Sie war geräumig und hatte einen Kochherd, der mit Holzkohle geheizt wurde. In den Küchen war es damals dunkel und verräuchert, nur die Kupfergeräte glänzten. Die übrigen Töpfe waren schwarz, ebenso Bratschüsseln und Pfannen. Heutzutage, seitdem es Gas gibt, glitzern und funkeln die Küchen. Damals war alles rauchgeschwärzt. Ein Ort wie aus einem Abenteuerroman, genauso wie der Korridor. Ich weiß noch, wie ich manchmal zum Vergnügen den Fächer aus Hühnerfedern vor dem verlöschenden Feuer hin und her schwenkte. Die Köchin mochte mich sehr gern. Meine Mutter gab mir einmal, warum weiß ich nicht mehr, eine Ohrfeige, und daraufhin verteidigte mich die Köchin mit ungestümer Heftigkeit. Gleichwohl ging ich selten in die Küche hinunter.

Wie war Dein Verhältnis zu den Hausmädchen?

Da gab es so gut wie keine Kontakte. Nur die Gouvernante stand uns nahe. Sie war es, die uns zu Bett brachte und mit uns am Tisch aß. Die Köchin hielt sich in der Küche auf, aus der sie so gut wie nie herauskam. Und das Hausmädchen war noch am ehesten in der Nähe meiner Mutter anzutreffen.

Bist Du in dem Haus in der Via Sgambati eigentlich zur Welt gekommen?

Ich glaube, ja.

Du weißt nicht, ob Du in einer Klinik oder zu Hause geboren wurdest?

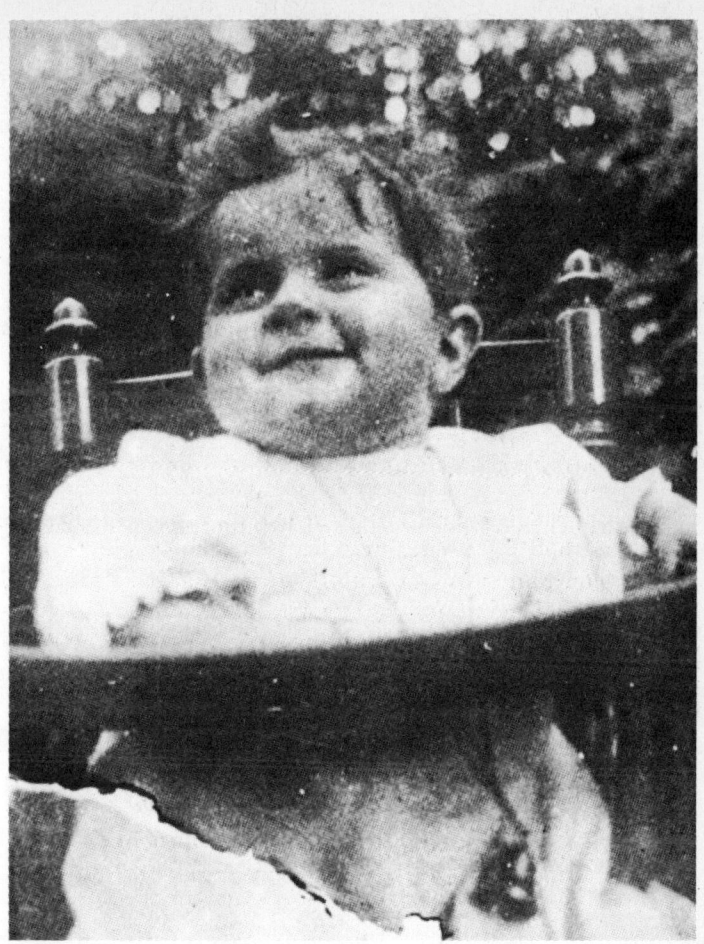

Alberto mit sechs Monaten

Ich glaube, ich wurde zu Hause geboren, denn das war ja damals so üblich. Aber meine Mutter hat nie mit mir darüber gesprochen, und ich habe sie auch nicht danach gefragt.

Dein Zimmer lag oben im ersten Stock. Was konntest Du von Deinem Zimmerfenster aus sehen?

Ich sah gar nichts.

Nichts? Irgend etwas mußt Du doch gesehen haben.

Das Fenster ging zum Garten hinaus, nur die Wipfel der Bäume waren zu sehen.

Gab es Bilder bei Euch zu Hause?

Hauptsächlich die Bilder meines Vaters, mit denen das Haus gleichsam übersät war. Überall hingen sie.

Und was stellten sie dar?

Meistens venezianische Veduten. Mein Vater war ein richtiger Venedig-Verehrer. Zweimal im Jahr brach er auf, um mit dem Zug in ›seine‹ Stadt zu fahren.

Was tat er in Venedig ganz allein? Er fuhr doch allein?

Ja, immer ganz allein. Er ging, glaube ich, spazieren, bis er auf einer kleinen Brücke haltmachte, um dort venezianische Ansichten zu malen. Er war ein rechter Eigenbrötler.

Verwandte oder Freunde hatte er keine in Venedig?

Er besaß nur einen Freund, namens De Witt. Vielleicht ein gebürtiger Holländer. Nachdem dieser Freund gestorben war, traf er sich mit niemandem mehr. Doch unbeirrt setzte er seine jährlichen Reisen nach Venedig fort.

Wie malte Dein Vater? Hatte er einen bestimmten Stil?

Er benutzte helle Farben und ahmte die Impressionisten nach. Ich erinnere mich an viele San-Marco-Plätze mit verhangenem Himmel, den Tauben, dem Glockenturm. Dann viele Bilder von Kanälen, von einer Brücke aus gesehen, eine dieser unzähligen Brücken Venedigs. Einmal hat er auch eine Skizze angefertigt von meiner Mutter, in aufrechter Haltung, wie sie inmitten einer Wiese steht. Man konnte das Kleid erkennen, nicht aber ihr Gesicht. Mit ihrem großen Hut und den vielen Volants nahm sie eine Pose wie die Duse ein. Aber Menschen lagen meinem Vater nicht so besonders.

Begnügte er sich mit seinen dilettantischen Fähigkeiten oder hatte er professionelle Ambitionen?

Er betrachtete sich als Amateur und war damit zufrieden. Er war sehr in sich gekehrt, fast menschenscheu und hat wohl niemals an eine Ausstellung seiner Bilder gedacht. War ein Bild fertig, so hängte er es in unserem Haus auf, das mittlerweile vollgehängt war. Geschah es einmal, daß er ein Bild verschenkte, fertigte er sich sogleich eine Kopie an. Er hatte seine Bilder ins Herz geschlossen und konnte sich nur schwer von ihnen trennen.

Wenn er sich in Rom aufhielt, malte er dann auch?

Nein, nie − sonderbar, das wird mir jetzt zum ersten Mal bewußt. Er hat nur gemalt, wenn er in Venedig war. Zu Hause habe ich ihn niemals mit dem Pinsel in der Hand gesehen. Die Staffelei mitsamt dem Farbenkasten verwahrte er wohlverschlossen in seinem Arbeitszimmer.

Wie gefielen Dir seine Bilder? Hast Du niemals daran gedacht, auch zu malen?

Ich hatte keine eigene Meinung. Sie waren für mich wie Gegenstände, die in das Haus gehörten. Später habe ich Gemälde wie ein Kunstgenießer bewundert. Ich ziehe die Malerei der Literatur vor, aber ich habe nie geglaubt, Talent zum Malen zu haben.

Von Deiner Mutter hast Du mir bisher nur wenig erzählt. Beschreibe sie mir.

Sie war eine schöne Frau, die sich immer nach den Konventionen richtete.

Wie hast Du sie aus Deiner Kindheit in Erinnerung?

Als hochgewachsene, elegante Dame. Oft nahm sie mich zu ihrer Schneiderin mit. Dort setzte sie mich auf das Sofa und sagte zu mir, ich solle warten. Stunden vergingen, während ich ihr zuschaute. Sie trug große schwarze Strohhüte, verziert mit kleinen Vögeln, Kirschen und Blumen. Überhaupt waren Kleider ihre Leidenschaft. Doch bot ihr mein Vater kaum Zugang zur guten Gesellschaft mit ihren Geselligkeiten. Manchmal denke ich, daß die Ehe zwischen ihr und meinem Vater ein richtiger Fehlschlag war. Sie hätte an ihrer Seite einen ganz anderen, einen brillanten, mondänen Mann haben müssen und nicht diesen ewig gereizten Brummbären, der mein Vater doch nun einmal war. Das Leben mit ihm hat sie in ihrer Madame-Bovary-Art noch bestärkt, während er mehr und mehr zu einem Eigenbrötler wurde.

Kannst Du Dich noch an das eine oder andere besondere Kleidungsstück Deiner Mutter erinnern, an eine Aufmachung, die Deine Phantasie angeregt hat?

Ich erinnere mich noch an ein schwarzes Jäckchen, ein über und über gepunktetes Tailleur und an ein silberfarbenes, gewirktes Täschchen. Ihre Abendgarderobe mit den glitzernden Schmuckstücken mochte ich sehr. Ich löste die ›gé‹, diese leuchtenden, splittrigen Pailletten ab und steckte sie mir in den Mund.

Du hast Dir Deine Mutter also regelrecht einverleibt, Stück für Stück. Trug sie eigentlich Pelze?

Ja, auch, hauptsächlich trug sie aber Muffs aus Biberpelz, in denen sie meist einige Veilchen aufbewahrte.

Trug sie gerne Schals, Tücher, Foulards? Wie machte sie sich zurecht, wenn sie abends ausging?

Weder an Schals noch an Foulards kann ich mich erinnern. Für den Abend zog sie gewöhnlich ein langes Kleid an.

Ließ sie immer bei derselben Schneiderin arbeiten?

Ja, und zwar bei den Schwestern Botti, an die kann ich mich noch deutlich erinnern. Das waren tüchtige römische Schneiderinnen.

Und wie kleidete sich Deine Mutter normalerweise zu Hause?

Nach dem Aufstehen trug sie einen ihrer wunderschönen Morgenröcke aus Seide oder Atlas. Dazu spitzenbesetzte Seidenunterröcke, in den Farben weiß, schwarz und blau. Später dann, kurz vor dem Mittagessen, ließ sie sich von dem Hausmädchen beim Ankleiden helfen.

Tat sie das nicht allein?

Das war damals durchaus so üblich. Sie ließ sich nieder, legte ihren ausgestreckten Fuß in die Hand des Hausmädchens, und die zog ihr die Strümpfe über.

Das erinnert mich an Erzählungen von Zola aus dem Paris der wohlhabenden Leute zu Beginn des neunzehnten Jahrhunderts. Oder auch an die Odette von Swan, die in Morgenröcke aus Crêpe de Chine gehüllt ihre Gäste empfing.

Mit dem Unterschied, daß Odette mondän war, meine Mutter dagegen eine ganz den Konventionen verhaftete Bürgerliche, der es nur natürlich erschien, in dieser Weise gegenüber der sogenannten Dienerschaft aufzutreten.

Was für Schuhe trug Deine Mutter?

Schuhe mit Absätzen à la Louis XV. Vielleicht hat sie auch Stiefeletten getragen, aber das war dann, ehe ich geboren wurde. Ich erinnere mich noch, daß sie bei einem der besten Schuhmacher Roms arbeiten ließ. Sie hatte am Fuß eine geringfügige Verformung, einen Höcker...

Was man üblicherweise eine ›Knolle‹ nennt?

Ja, und deshalb war sie auf maßgearbeitete Schuhe angewiesen.

Trug sie Schleier?

Ja, am Nachmittag und abends, aber daran kann ich mich nicht mehr gut erinnern. In meiner Kindheit wurden wahrscheinlich kaum noch Schleier getragen. Gut erinnern kann ich mich an die langen Handschuhe und die Muffs mit den Veilchen. Übrigens waren Veilchen damals sehr beliebt, man aß auch kandierte Veilchen.

Besaß Deine Mutter viel Schmuck und trug sie ihn auch?

Ja, sie hatte viel Schmuck. Aber eines Tages stahl ihr ein Hausmädchen alles, was sie besaß, samt einem Solitär, den mein Vater noch gar nicht bezahlt hatte. Daraufhin schenkte ihr mein Vater neuen Schmuck.

Wie kam es zu diesem Diebstahl?

Eines der vielen Hausmädchen, die meine Mutter ja öfter wechselte, steckte sich eines Tages den ganzen Schmuck in die Tasche. Als sie die Treppe herabkam, begegnete ich ihr. Ich bemerkte, daß sie die Hände in der Tasche vergraben hielt, schöpfte aber keinen Verdacht. Vergnügt begrüßte sie mich. Wir sahen sie nie wieder, und auch nachdem wir Anzeige erstattet hatten, wurde sie nicht ausfindig gemacht. Meine Mutter, so erinnere ich mich, wurde von diesem Vorfall zutiefst getroffen und erlitt fast einen Schock. Mit den Worten »meine Perlen« legte sie sich ihre Hand um den Hals.

Parfümierte sich Deine Mutter für gewöhnlich? Kannst Du Dich noch an einen besonderen Duft erinnern?

Sie benutzte ein Parfum von Coty, Mitsuko hieß es wohl, das damals in Mode war, und dann eines von Houbigant, aber so genau erinnere ich mich nicht mehr.

Kannst Du Dich noch an den Duft erinnern? Du warst doch so geruchsempfindlich als Kind. Wie empfandest Du diese Düfte?

Ich kann mich noch gut daran erinnern. Es war ein schwerer, leicht bitterer, geradezu betörender Duft, der an süße Blumen, an Magnolien oder auch Tuberosen erinnerte.

Legte sie Puder auf und schminkte sie sich?

Den Puder trug sie dick auf, einen weißlich-rosa Wangenpuder.

War er auch parfümiert?

Ganz leicht, er hatte einen feinen, angenehmen Geruch.

Hast Du die Eltern Deiner Mutter eigentlich noch gekannt?

Mein Großvater Enrico De Marsanich war ein ehrenwerter Mann, bescheiden und von freundlichem Wesen. Er hatte, wie meine Mutter, ein breites Gesicht, und er trug einen Schnurrbart, wie es damals üblich war. Sonntags holte er mich zum Spaziergang ab.

Und wohin ging es dann?

In den Park, wo er mir ›Türkentauben‹ kaufte.

›Türkentauben‹ — was war das?

Ein festes Gebäck, gefüllt mit Weinbeeren.

Hast Du als Kind gern genascht?

Nicht besonders. Ich machte mir eigentlich mehr aus Salzigem, aus Wolfsbohnen und Melonenkernen. Es gab aber auch Süßigkeiten, die ich gern mochte, wie das Abschabsel aus dem Backofen, das wir in der Schule zu kaufen bekamen.

Abschabsel?

Das waren gezuckerte Teigreste, die vom Ofenboden abgeschabt und dann in Tüten verpackt weiterverkauft wurden.

Kannst Du Dich auch noch an Deine Großmutter erinnern?

Meine Großmutter Adelaide, sie war schon recht gebrechlich, trug fußlange Kleider und um die Schultern stets einen spitzenbesetzten Schal. Sie wirkte älter als ihr Mann. Wenn sie sich die Füße wärmen wollte, schob sie sich einfach das Wärmebecken unter den Rock. Sie war ungemein sanft in ihrer Art.

Warst Du manchmal bei den Großeltern zu Hause?

Ja, sie wohnten recht bescheiden, hatten keine Dienstboten, und ihr Haus wirkte fast ärmlich. An den Wänden hingen zwei große Portraits. Es waren vergrößerte Photographien, die eine zeigte Mazzini, die andere Garibaldi. In einer Fensternische stand Großmutters Nähmaschine. Im neunzehnten Jahrhundert war es üblich, sich die Kleidung selbst zu nähen.

Sie stammten ursprünglich aus Dalmatien, nicht wahr?

Sie waren im vorigen Jahrhundert nach Italien gekommen und hatten sich in Ancona niedergelassen. Der Stammvater der Fami-

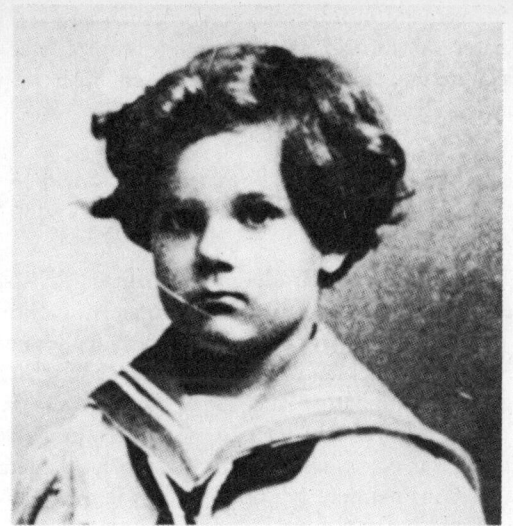

Alberto im Alter von vier Jahren

lie trug den Namen Dominatore, was wörtlich übersetzt, so erfuhr ich später, Wladimir heißt. Meine Großmutter war eine geborene Piccinini und stammte aus den Marken. Sie hatte mit dem Großvater neun Kinder.

Hatten sie in ihrer Lebensart noch etwas an sich, was an ihre slawische Herkunft erinnerte, zum Beispiel ihre Sprechweise?

Nein, nichts. Augusto, der Bruder meiner Mutter, der später Abgeordneter in der Deputiertenkammer unter Mussolini wurde und nach dem Krieg das Amt eines Parteisekretärs der neofaschistischen Partei, MSI, bekleidete, war noch der slawischste von allen. Er war blond und hatte blaue Augen. Die Schwestern hießen Jole und Flora, die Onkel Canzio, Gualtiero und Belisario. Meine Mutter war eigentlich auf den Namen Iginia getauft, sie ließ sich aber Gina nennen. Ich höre noch, wie sie sagt: »Armes China, jetzt mit Japan.« Eine witzig gemeinte Anspielung auf den chinesisch-japanischen Krieg, ein Wortspiel, China stand für Gina, und es sollte soviel heißen wie: »Ich Ärmste!«

Von sieben Onkeln und Tanten hast Du mir bisher erzählt. Aber hast Du nicht von neun Kindern gesprochen?

Es gab noch zwei Kinder, die aber schon sehr früh gestorben sind. Der Vater war ein einfacher Staatsbediensteter gewesen, Sohn Canzio wurde höherer Bankangestellter und Belisario hatte sich mit Erfolg selbständig gemacht. Augusto zog in den Krieg und wurde dann Faschist. Er war von niedrigem Wuchs und hatte eine breite Nase. Im Krieg waren ihm die Füße erfroren, seitdem mußte er Schuhe mit enganliegenden Gamaschen tragen. Er war ein grundanständiger, aber doch beschränkter Mann. Obwohl er es bis zum Ministeramt gebracht hatte, starb er in größter Armut. Alles in allem war es eine Familie, die aus fleißigen und rechtschaffenen Kleinbürgern bestand und sicherlich aus sehr ehrbaren Patrioten, freilich von nur mäßigem Bildungsniveau, die alles ganz ernst nahmen und für wichtig hielten.

Mochtest Du Deine Großeltern denn gern?

Sie gingen ausgesprochen liebevoll miteinander um. Vettern, Onkel, alle Verwandten küßten und herzten sich jedesmal, wenn sie
sich sahen. Freilich bedeutete dies auch nicht viel, es war damals
in Italien allgemein so üblich, so wie heute übrigens auch. Unter
Blutsverwandten muß man sich gern haben, und so wird im
Kreise der Familie auch sehr auf die Gefühlsrituale geachtet, den
Gang zur Messe, das Weihnachtsfestmahl, den Geburtstag. Ich
hätte sie wirklich lieben müssen, sie waren ja freundlich, und wir
waren schließlich verwandt miteinander, aber ich empfand nichts
für sie.

*Wirklich nichts, noch nicht einmal Haß oder Groll oder Verach-
tung? Erkennst Du Dich hierin in Michele wieder, den Du in* Die
Gleichgültigen *beschreibst? Über ihn heißt es da:*
> *»Er wäre gerne ganz anders gewesen, erzürnt, voll von Groll
> und unauslöschlichem Haß; stattdessen litt er darunter, daß er
> bis zu einem solchen Grade gleichgültig war.«*[2]

Meine Anteilnahme am Familienleben war nicht sehr ausgeprägt.
Die Enge und die Beschränktheit des bürgerlichen Milieus bereiteten mir Unbehagen und weckten ein Gefühl des Erniedrigtseins
in mir. Gleichzeitig aber litt ich nicht allzusehr darunter. Wie ein-
geschlossen lebte ich in der Welt meiner literarischen Träume. Ich
hatte keine besonders dramatischen Auseinandersetzungen mit
meinem Vater oder meiner Mutter erleben müssen; ich litt an der
Einsamkeit. Im Grunde hatte ich ganz normale Eltern. Der
Anormale, der war ich. Was Michele betrifft, so ist er eine ganz
und gar freierfundene Figur. Meine Gleichgültigkeit habe ich erst
sehr viel später erlebt. Es gab eine Zeit in meinem Leben, die Jahre
zwischen meinem fünfzehnten und zwanzigsten Lebensjahr, da
litt ich an einer hypertroph entwickelten Übergewichtung alles
Gedanklichen, an einer inneren Überempfindlichkeit, die mit
spärlich entwickelten Beziehungen zur Außenwelt einherging
und einer fast schon pathologischen Unfähigkeit zu handeln. Damals bildete ich mir ein, gleichgültig zu sein. Aber das entsprach

nicht der Wahrheit. In meiner Unfähigkeit zu handeln, verhielt ich mich wie der Fuchs mit den Tauben: unfähig zu Beziehungen mit der Realität, verachtete ich diese eben.

So wäre die Gleichgültigkeit nicht ein angeborenes Gefühl, sondern ist erst aus einem Erlebnis der Unzulänglichkeit erwachsen.

Wie auch immer, meine Bücher sind in keiner Weise der Spiegel meines Lebens und meines Charakters. Ich vermag auch nicht mehr, im einzelnen den Weg ausfindig zu machen, den ich zurücklegen mußte, bis es mir gelang, bestimmte literarische Figuren zu schaffen. Ich war voller Bewunderung für Molières Gestalten, so für seinen Misanthropen oder den Geizigen. Ich wollte eine ähnliche Gestalt schaffen und sie zur Hauptperson eines Romans machen. Sie sollte sinnbildlich die Gleichgültigkeit verkörpern, aber es hätte auch etwas ganz anderes sein können.

Du bestreitest also, daß das Gefühl der Gleichgültigkeit überhaupt zu Deiner Jugend gehört hat?

Ich wollte als Romane verkleidete Dramen schreiben. Das Grundthema war die Tragödie, die Mordtat war die Ausgangsbasis. Aber für den Mord haben Bürger kein Gespür, denn die Tötung ist der physische Vollzug einer aufs äußerste angespannten Situation, die eins wird mit der Tat. Die Mordtat ist in bürgerlichen Verhältnissen gar nicht möglich.

Willst Du damit sagen, Michele konnte keinen Mord begehen, weil er ein Bourgeois war und er deshalb gleichgültig wurde, oder aber daß er nicht töten konnte, weil er gleichgültig war und also ein Bourgeois sein mußte?

In meinen Augen ist Gleichgültigkeit eine Todsünde.

Könnte man sagen, daß Michele ein enger Verwandter von Hamlet ist? Und daß seine Unfähigkeit zu handeln der dichterischen und leidvoll empfundenen Unfähigkeit der Figur Shakespeares sehr ähnlich ist?

Daran habe ich noch nie gedacht, aber es stimmt: Michele hat etwas von Hamlet. Nur daß die Figur Hamlets eine archetypische Gestalt geworden ist.

Mit wem ist Michele enger verwandt, mit Hamlet oder mit Meursault in Camus' L'Etranger?

Die Gleichgültigen waren seinerzeit in Europa das erste existentialistische Buch. Es erschien 1929, während *L'Etranger* von Camus erst 1942 herauskam und Sartres *La Nausée* 1939. In *Die Gleichgültigen* wie auch in *La Nausée* und in *L'Etranger* handelt es sich um persönliche Einzelschicksale, die aber das in Europa allgemein verbreitete existentialistische Unbehagen verkörperten. Die Romanciers des neunzehnten Jahrhunderts, Stendhal, Tolstoj, Flaubert, haben in ihren Romanen das Individuum und die Gesellschaft in ihrer Beziehung zueinander beschrieben. Dostojewski löste geradezu eine Revolution aus, als er einen Roman schrieb, der dieses Verhältnis verlagerte und es zu einem Verhältnis des Individuums mit sich selbst machte. So beginnt *Schuld und Sühne* mit einem Verbrechen, einer gesellschaftlichen Tat also, die dann zur Geschichte eines Schuldgefühls wird, das heißt zu einem individuellen Geschehnis. Denn was ist das Schuldgefühl anderes als die Beziehung, die ein Mensch zu sich selbst, zu seinem Gewissen hat? Hiervon gehen auch Kafka und die gesamte moderne Romanliteratur aus.

Und wie siehst Du Lady Macbeth? Ist nicht auch ihre Geschichte eine Verkettung von Schuldgefühlen?

Letztlich zählt auch hier die Beziehung zur Außenwelt, denn das Schuldgefühl führt zu keiner Katharsis, sondern bleibt im Bereich des Gesellschaftlichen.

Aber laß uns zu Dir, Deiner Familie und Deiner Kindheit zurückkehren. Zwischen Euch, Dir, Deinem Vater und Deiner Mutter, bestanden kaum gefühlsmäßige Beziehungen, zumindest wurden sie nicht sichtbar. Wie standest Du zu Deinen Schwestern?

Ich sah sie kaum, denn ich spielte immer für mich allein. Später wurde ich krank, und wir sahen uns noch seltener. Ich glaube wohl, daß meine Krankheit irgendwann zu etwas Alltäglichem in unserer Familie geworden ist. Wenn einer monatelang das Bett hüten muß, findet das kaum noch Beachtung.

Erinnerst Du Dich an Deine Schwestern als kleine Mädchen? Wie hast Du sie als Junge erlebt?

Als zwei ganz normale Mädchen. Elena spielte Tennis, und ich sehe sie noch mit dem Tennisschläger vor mir. Von Zeit zu Zeit gab meine Mutter eine Party für sie. Es stellten sich geladene Gäste ein, es kamen Lohndiener und manchmal auch eine Tanzkapelle. Die Gäste waren Freunde meiner Schwestern aus der Schule oder der Nachbarschaft.

Und hast Du niemals an diesen Festen teilgenommen?

Nein, ich kannte keinen Menschen.

Wie sahen Deine Schwestern damals aus, kannst Du sie mir beschreiben?

Sie sahen sehr verschieden aus. Elena war ausgesprochen schön, hatte blondes Haar, war hochgewachsen und sportlich, sie hätte gut ein Tennisstar werden können, aber sie war zu bequem. Viele verliebten sich in sie. Cimino, der Mann, den sie später heiratete, war seit seinem zwanzigsten Lebensjahr in sie verliebt. Doch sie wollte nicht heiraten, sondern lebte weiter mit meiner Mutter zusammen, während sie drei oder vier Verlobungen einging, die sie immer im letzten Moment wieder löste.

Und Adriana?

Adriana war hübsch, hatte dunkles Haar und besaß ein schüchternes, liebes Gesicht. Während Elena etwas Slawisches an sich hatte mit den hervortretenden Backenknochen und dem breitflächigen

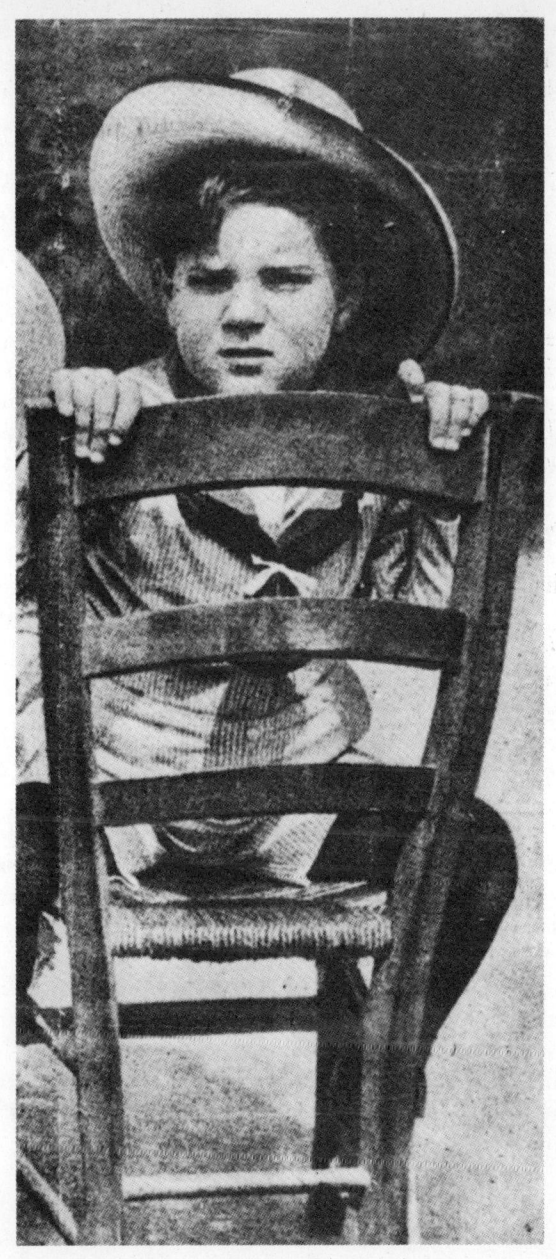

Gesicht, besaß Adriana mehr Ähnlichkeit mit meinem Vater, mit ihrem oval geschnittenen Gesicht und ihrer betonten Nase. Adriana ist eine Künstlerin, sie hat immer gemalt, schon seit ihrer Kindheit. Anfangs, das weiß ich noch, malte sie recht akademisch. Dann ist sie eine wirkliche Malerin geworden, steht dem Stil von Matisse nahe und hat seither nicht aufgehört, sich weiterzuentwicklen und ihrem ureigenen, persönlichen Stil Ausdruck zu geben.

Mir gefallen ihre Portraits besonders gut. Ein sehr ausdrucksvolles hat sie von Dir gemalt. Auf diesem Bild wirkst Du wie gelähmt und in Dich versunken, in einem schmerzgeplagten und doch auch äußerst lebhaften Körper. Dieses Portrait macht deutlich, daß sie Dich sehr lieb hat. Ob Du ihr gegenüber nicht allzusehr verschlossen warst? Oder meinst Du, daß auch die Geschwisterliebe zu jener Gefühlswelt gehört, aus der Du auf Grund Deines Wesens ausgeschlossen warst?

Nein, die Sache liegt doch noch anders. Es war so, daß Adriana und Elena ein Leben führten, das sich weit entfernt von mir abspielte. Sie hatten Freundinnen und Freunde, ich aber hatte niemanden.

Aber wenn sie Freunde hatten, hättest Du doch auch welche haben können. Wolltest Du nicht absichtlich einsam sein?

Es waren da mehrere außergewöhnliche Momente zusammengekommen: meine Krankheit, die Schwierigkeiten in der Familie und der Umstand, nicht mit anderen in der Schule, sondern für mich allein gelernt zu haben.

Dein Vater, so hast Du erzählt, malte, wenn er sich in Venedig aufhielt. Wo malte Deine Schwester?

Am hinteren Ende des Gartens befand sich ein Atelier, so groß wie eine Garage. Dort malte sie, im Lichtkegel einer Fensteröffnung, die wie ein Wolfsrachen aussah.

Hast Du sie jemals in ihrem Atelier besucht?

Nein, ich lebte weitgehend für mich. Meine Schwestern sah ich nur zu den Mahlzeiten, sonst kaum. Ich hielt mich fast die ganze Zeit in meinem Zimmer auf. Ich hatte ein großes Zimmer voller Bücher, mit Möbeln, die den Stil des fünfzehnten Jahrhunderts imitierten. Aber das war später, als wir schon in dem Haus in der Via Donizetti lebten.

Gut, dann laß uns von dem anderen Haus sprechen. Wann und weshalb seid Ihr dort eingezogen?

Das muß 1916 gewesen sein, aber warum wir umgezogen sind, weiß ich nicht mehr. Vielleicht wollte mein Vater in einem geräumigeren und reicher ausgestatteten Haus wohnen.

Dann hatte sich wohl die wirtschaftliche Lage der Familie Pincherle damals verbessert?

Ich denke schon, aber ich weiß nicht mehr wodurch.

War das Haus in der Via Donizetti, also das zweite Haus, schöner als das erste?

Es war größer und vornehmer. In der Via Sgambati waren die Möbel hell und schlicht, und es gab bloß Jugendstildekorationen. In der Via Donizetti war das Haus mit Stilmöbeln, Teppichen und Vorhängen eingerichtet, und an den Wänden hingen großformatige düstere Bilder, vermutlich aus dem siebzehnten Jahrhundert.

Was für Bilder waren das?

Alte schwarze Schinken, auf denen mythologische Figuren, in Dunkelheit gehüllte, weißschimmernde Akte erkennbar waren. Dann gab es noch ein ausgesprochen häßliches Portrait von meiner Mutter, ihren Hals zierte eine Perlenkette; ein Maler, an dessen Namen ich mich nicht erinnere, hatte das gemalt.

Und was war aus den Bildern Deines Vaters geworden, die früher die Wände zierten?

Sie waren auch noch da, mußten aber den antiken Riesengemälden im Salon Platz machen, die meiner Mutter wahrscheinlich gut gefielen, sie waren wohl elegant.

Welches der beiden Wohnhäuser mochtest Du in Deiner Kindheit lieber, das erste oder das zweite?

Keines von beiden. Ich mochte beide nicht, weil mir das Leben in der Familie unerträglich war.

Und doch wirst Du bis 1941, glaube ich, weiter in der Familie leben. Ist das kein Widerspruch, die Familie zu hassen und dennoch bis zur Eheschließung dort zu bleiben?

Ich hatte nicht die notwendige Kraft, mir meinen Lebensunterhalt selber zu verdienen. Und ich wollte es auch nicht. Es drängte mich unter allen Umständen, mich ganz der Literatur zu widmen.

Die Abneigung gegen Deine Familie beginnt bei Dir schon sehr früh. Erinnerst Du Dich noch, wann und wie sie begann?

Sie ist angeboren. Noch nie konnte ich das Gefühl ertragen, abhängig zu sein.

Abhängig im wirtschaftlichen oder im psychischen Sinn?

Im psychischen Sinn. Geld interessierte mich nicht. Ich bin jahrelang arm gewesen. Mein Vater gab mir kaum etwas. Überleben zu können, das genügte mir. Mit Abscheu saß ich an einem Tisch mit ihnen und hörte mir die Predigten meiner Mutter und das Gebrüll meines Vaters an.

Aber Deine Abneigung beschränkte sich nicht nur auf Deine per-

sönliche Erfahrung, das betonst Du immer wieder. Was bedeutet für Dich als Erwachsener heute die Familie?

Die Familie ist eine gesellschaftliche Kerngruppe, in der Personen unterschiedlichen Geschlechts in der Blütezeit ihres Lebens zusammenleben und sich bei Strafe nicht begehren dürfen.

Gab es da für Dich ein Verlangen, das ungestillt bleiben mußte?

Nein, ich sagte ja schon, mir standen die übrigen Familienmitglieder gänzlich fern.

Aber sagst Du nicht auch, daß die Familie sich auf dem Inzestverbot gründet?

Das betone ich immer wieder. Die Familie gründet sich auf dem Inzestverbot. Und für dieses Verbot gibt es zweierlei Lösungen: Entweder es schlägt in eine Form von Sublimierung um, und wir haben die gefühlsbetonte Familie, in der sich alle liebhaben; oder aber es entwickelt sich eine Neurose und damit eine Familie, wie sie von Pirandello und Compton Burnett dargestellt worden ist, in der alle allen übelwollen.

Welcher Richtung gehörte Deine Familie an, schlug sie den Weg der Sublimierung ein oder den der Neurose?

Weder den der Sublimierung noch den der Neurose. Es ist schon merkwürdig, aber unsere Familie hinterließ vor allem den Eindruck eines provisorischen Zwischenstadiums. Wenn überhaupt, so hatte sie eher einen Hang zum Neurotischen.

Dein Vater macht wahrhaftig nicht den Eindruck eines Mannes, der sich im Kreise der Familie glücklich fühlte. Und Du auch nicht mit Deinem Gefühl des Außenseiters, von dem Du sprichst.

Mein Vater redete zwar kaum, aber denke nicht, daß er so ganz anders als andere Väter gewesen wäre.

Was meinst Du, war dieses Gefühl des Außenseiters damals in den Familien weiter verbreitet als heute?

Es ist ungefähr gleich geblieben. Die Familie hat sich in den letzten Jahren kaum geändert. Sie hat sich freilich verändert gegenüber dem achtzehnten Jahrhundert, als Kinder ihre Eltern noch mit Sie anredeten und ihnen die Hand küßten. Das Bürgertum hat die Familie in dem Augenblick von Grund auf revolutioniert, als für Eltern und Kinder Gefühle zur Grundlage ihres Verhaltens zueinander wurden. Vor der Epoche des Bürgertums waren Kinder entweder eine Verdienstquelle oder aber sie gehörten praktisch nicht zur Familie. Aber wie auch immer, stets wurden sie als Erwachsene angesehen, egal welches Alter sie auch hatten.

Aber trotz Eurer zugeknöpften Art und der verdrossenen Stimmung in der Familie hingst Du an Deinem Vater. Hast Du ihn geliebt?

Er hatte keine Beziehung zu mir, warum hätte ich eine zu ihm haben sollen? Ich schaute ihn nur an. Wir redeten ganz selten miteinander.

Und wie war das Verhältnis zu Deiner Mutter?

Noch schlechter. Ich hatte nichts mit ihr gemeinsam. Mit meinem Vater hätte ich unter Umständen noch reden können, aber mit ihr nicht.

Du hast Deinem Vater den Vorwurf gemacht, daß er sich Dir nicht mitteilen konnte, und es ihm mit gleicher Münze heimgezahlt. War er so ein ›Brummbär‹ nur im Verhältnis zu Dir oder auch zu den anderen?

Allen gegenüber verhielt er sich so. Er war schroff, ungeduldig, unduldsam, aber gleichzeitig auch geradezu schüchtern und eben unfähig, aus sich heraus zu kommen. Über alle konnte er sich aufregen, über die Kutscher, das Hausmädchen, meine Mutter, meine Schwestern, die Kunden und über mich.

Auch Du bist manchmal schroff und ungeduldig. Erkennst Du Dich in ihm wieder?

Keineswegs. Ich bin ein geselliger Mensch und liebe das Gespräch. Er, er konnte nur schnauben. Ich versuche, mir sparsam meine Zeit einzuteilen und erledige alles möglichst rasch. Sein Realitätssinn wurde von der Ungeduld beherrscht, zügiges Handeln lag ihm nicht. Deswegen konnte er niemals wirklich glücklich werden.

Erweckte sein unglücklicher Zustand nicht manchmal Gefühle der Zärtlichkeit bei Dir?

Wer weiß, vielleicht war er gar nicht so unglücklich. Als ich ihn bewußter wahrzunehmen begann, war er schon ein verknöcherter Gewohnheitsmensch. Ein Mann in den Fünfzigern hatte damals unabänderlich seine Wahl getroffen. Außerdem war zu jener Zeit die allgemeine Lebenserwartung ungleich kürzer als heute. In seinem Alter galt ein Mann als alt. Überhaupt schien mein Vater in seiner Isolation eine Lebensform gefunden zu haben, die ihm behagte: Er hatte eine Familie, in der er lebte, ohne sich seinen Kindern und seiner Frau mitteilen zu müssen, er hatte Freunde, das Café, seine Spaziergänge, seine Bilder. Er war durch und durch ein Gewohnheitsmensch, auch in seinen Vorstellungen und Gedanken. Doch meinen Vater quälten nicht die sogenannten Seelenschmerzen seiner Zeit. Er war noch ganz und gar ein Mann des neunzehnten Jahrhunderts. Er sprach Dialekt, woran Du ein gewisses Beharrungsvermögen erkennen kannst. Wir leiden heute am Weltschmerz unserer Zeit. Wenn mein Vater irgendwie zu leiden hatte, dann unter etwas, das man genau erfassen konnte, weil es sich auf sein tägliches Leben bezog.

Willst Du damit sagen, daß er die Angst nicht kannte?

Ich glaube, er kannte sie nicht, nur die Furcht vor seinen Mitmenschen. Beständig war er auf der Flucht. So wie ich auf andere Menschen neugierig bin, so war er ungesellig und behandelte jedermann voller Ungeduld. Noch nicht einmal mit seinen Auftraggebern konnte er höflich umgehen.

Dann stimmst Du mit Deiner Mutter darin überein, daß die Gründe für seinen frühzeitigen Rückzug aus dem Berufsleben hauptsächlich in seinem Charakter zu suchen sind.

Vielleicht war er auch seiner Arbeit überdrüssig geworden. Im Laufe seines Lebens hatte er weit über hundert Häuser entworfen, doch damals verdiente ein Architekt nur wenig Geld. Für den Entwurf von Grundriß und Fassade bekam er ein einmaliges Honorar ausgezahlt, und wer wirklich an den Häusern verdiente, war der Bauherr. Von seinen Ersparnissen baute sich mein Vater vier Häuser, die nach seinem Tode unter uns aufgeteilt wurden.

Wie alt war Dein Vater, als er starb?

Er starb 1944 im Alter von zweiundachtzig Jahren.

Als Du zur Welt kamst, war er vierundvierzig Jahre alt, und er war vierundfünfzig, als Du zehn wurdest. In Wirklichkeit war er vom Alter her mehr Dein Großvater als Dein Vater.

Ja, ich sehe ihn immer mit weißen Haaren vor mir. Er war blauäugig und hatte einmal blonde Haare gehabt. Aber in meiner Erinnerung ist er weißhaarig und steht ausgerüstet mit Hut und Spazierstock vor mir. Er besaß viele Spazierstöcke, darunter auch sehr schöne; einer hatte einen Griff aus Nashorn, andere waren aus Elfenbein oder aus Halbedelstein. Beim Gehen klopfte er mit dem Stock auf den Boden und fegte die Zigarettenkippen aus dem Weg.

Hat Dir Dein Vater jemals Angst eingeflößt?

Nein, vor ihm brauchte man sich wirklich nicht zu fürchten. Trotz seines Gebrülls war er in Wirklichkeit unglaublich schüchtern und verhielt sich eher unbeholfen. Er erinnerte ein wenig an Svevos Romangestalten.

An jemanden wie Zeno Cosini? Aber Zeno war viel gesprächiger und auch lustiger.

Ich habe in einem ganz allgemeinen Sinn von Svevos Menschentypen gesprochen, weil ich den Typus des Bürgers bezeichnen wollte, der andere Neurosen hat als üblicherweise die Süditaliener. Mein Vater hatte auch etwas Geheimnisvolles an sich. Ich bin eigentlich nie ganz klug aus ihm geworden.

Konntest Du in Deiner Kindheit seine Neurose, wie Du sie heute nennst, bewußt wahrnehmen? Mit anderen Worten, wie hast Du damals seine schroffe Art erlebt?

Heute denke ich, daß sie von seinen Schwierigkeiten herrührte, auf die er zu Beginn seiner Architektenlaufbahn gestoßen war. Sein Leben muß sehr hart gewesen sein, denke ich mir, ehe er den bescheidenen Wohlstand, in dem wir lebten, erreicht hatte. Als Kind war ich ebenfalls schüchtern und auch noch als Jugendlicher, aber dies war eine andere Art von Schüchternheit. Ich war wie verwildert, weil ich durch meine Krankheit gänzlich isoliert und vom normalen Leben regelrecht abgeschnitten aufgewachsen bin. Meine Scheu war durch besondere Umstände entstanden und verflüchtigte sich mit zunehmendem Alter sehr schnell. Die Schüchternheit meines Vaters hingegen war pathologisch und begleitete ihn bis an sein Lebensende.

Wie weit kannst Du Dich noch an Deine eigene Schüchternheit als kleiner Junge erinnern?

Ich weiß noch, wie mich das erste Mal, als ich mit der Straßenbahn fahren wollte, eine panische Angst überfiel, weil ich nicht wußte, wie man einen Fahrschein löste und ich mich schämte, jemanden danach zu fragen. Später in den Bergen, als ich nach meinem Aufenthalt im Sanatorium im Hotel lebte, ließ ich mir meinen Eßtisch in unmittelbare Türnähe rücken, um nur nicht den Eßsaal durchqueren zu müssen. Und ehe ich die erste Frau, die ich in meinem Leben geliebt habe, anzusprechen wagte, verging so viel Zeit, daß sie es schließlich war, die auf mich zuging. Das geschah in einer Hotelbar in Cortina d'Ampezzo, und die Frau, die ich sehr geliebt habe, war eine sechsunddreißigjährige Deutsche.

Und wie alt warst Du?

Siebzehn. Aber ich wollte Dir erklären, daß die Schüchternheit manchmal ihren Sinn hat. Es gibt Menschen, die sind krankhaft schüchtern, wie mein Vater. Bei anderen Menschen ist Schüchternheit eine von Natur aus vorsorgliche Eigenschaft zum Schutz von Fähigkeiten bzw. Begabungen, die sich noch nicht in ihrer Gänze entfaltet haben.

Kannst Du Dich erinnern, jemals mit Deinem Vater richtig gesprochen zu haben, nur ein einziges Mal?

Nein, niemals. Er äußerte sich einfach nicht. Doch, jetzt fällt mir ein, daß er sich immer über die Kälte in Venedig beklagte. Später, als ich dann selber in Venedig lebte, konnte ich feststellen, daß es so sehr kalt gar nicht war. Aber zu seiner Zeit, das ist wohl wahr, gab es noch keine Heizung, so daß es im Innern der Häuser sehr feucht gewesen sein muß.

Hat er sich jemals über seine eigenen Eltern geäußert?

Nein, kein Sterbenswörtchen. Wie gesagt, er erzählte nichts. Wenn man in einer Familie lebt, trifft man sich für gewöhnlich zum Mittagessen oder zum Abendbrot, und dann redet man miteinander. Nicht so bei uns. Bei Tisch gerieten mein Vater und meine Mutter ständig in Streit, obgleich es nur um belanglose Dinge ging. Nie habe ich sie ein Wort über die Vergangenheit verlieren hören. Laß mich überlegen. Vielleicht, daß mein Vater einmal erzählt hat, zu Beginn des Jahrhunderts arbeitslos gewesen zu sein. Das war sicherlich in der Zeit um die Jahrhundertwende, anläßlich der Krise im Baugewerbe in Rom, als es den Skandal um die Banca Romana gab. Damals ruhte auf allen Baustellen die Arbeit und wahrscheinlich auch dort, wo er arbeitete. Ich meine, daß er das ab und zu erwähnte, an mehr erinnere ich mich aber nicht. Von seiner Vergangenheit habe ich lediglich erfahren, daß sein Leben in den Jahren vor seiner Ehe hauptsächlich aus Arbeit bestand, daß er in möblierten Zimmern wohnte und im Gasthaus seine Mahlzeiten einnahm. Aber das erfuhr ich von meiner Mutter, nicht von ihm.

Hast Du jemals die Eltern Deines Vaters kennengelernt?

Nein, sie waren schon lange vor meiner Geburt gestorben. Einmal sah ich die beiden Großeltern auf einem verblichenen Photo, und sie wirkten wie zwei Gestalten aus einem Roman von Manzoni. Zwei alte Leute: er mit einem Käppchen, sie mit einem Mieder und in fußlangem Kleid. Beide waren in der ersten Hälfte des neunzehnten Jahrhunderts geboren. Sie hatten für mich etwas Antiquiertes an sich, ein beklemmender Eindruck desolater und längst versunkener Zeiten.

Was weißt Du noch von den übrigen Verwandten?

Die Familie meines Vaters stammte, so viel ich weiß, aus Conegliano Veneto. Das habe ich mir so zusammengereimt, denn erzählt hat er mir darüber nichts. Mein Vater hatte in Padua Architektur und Ingenieurwesen studiert und war nach dem Examen nach Rom gegangen. Er hatte noch Geschwister, seinen Bruder Gabriele und zwei Schwestern, Elena und Amelia. Amelia war die Mutter der Brüder Rosselli, die von den Faschisten in Frankreich umgebracht wurden, sowie die Großmutter von dem Schriftsteller Aldo und der Dichterin Amelia. In der Zeit um 1890 begann mein Vater, seinen Beruf als Architekt auszuüben. Aber meine Informationen sind alle sehr ungenau, eigentlich nur Vermutungen. Mein Vater erzählte mir von sich aus nichts, und ich war sicherlich auch nicht sehr wißbegierig. Ich frage nie jemanden nach seiner Vergangenheit. Mich interessiert allein der Charakter, und das ist die Gegenwart.

Woher kommt eigentlich der Name Moravia?

Das ist ebenfalls ein jüdischer Name. Ein wappenkundliches Archiv hat nachgewiesen, daß nach ihren Unterlagen der Name von dem Grafen Moravia aus Aquileia abstamme. Ich habe mir daraufhin ausgemalt, daß vielleicht eine Frau aus der Familie Pincherle ein uneheliches Kind von einem Moravia bekommen und er sie daraufhin zur Erbin bestimmter Besitztümer bestimmt hat unter der Bedingung, seinen Namen anzunehmen. Wer weiß, sicher ist, daß die Mutter von Italo Svevo Moravia hieß.

Und wie kommt es, daß Du als Schriftsteller an Stelle von Pincherle den Namen Moravia gewählt hast?

Ich schrieb einmal einen Artikel, es war übrigens eine meiner ersten Arbeiten für die *Fiera letteraria*, mit dem Titel *Der Roman steckt in einer Krise*. Schon damals, denk Dir nur! Unterzeichnet hatte ich ihn mit Alberto Pincherle. Wenige Tage später erhielt die *Fiera* einen Brief von Professor Alberto Pincherle, in dem dieser erklärte, nicht der Verfasser des besagten Artikels zu sein. Daraufhin beschloß ich, meinen Namen zu ändern. Mein Paß ist auf beide Namen ausgestellt, auf Pincherle wie auf Moravia, und ich entschied mich für Moravia.

Du hast mir oft erzählt, Tante Amelia Rosselli sei der einzige Mensch in der Familie Deines Vaters gewesen, für den Du so eine Art Zuneigung empfunden hast?

Tante Amelia war eine Frau voller Leben und zudem ein schriftstellerisches Talent. Sie schrieb Lustspiele in venezianischer Sprache, an *El refolo (Der Wirbelwind)* kann ich mich noch gut erinnern. Das Stück wurde sogar von so bekannten Ensembles wie dem von Giacinto Gallina aufgeführt. Außerdem schrieb sie Kinderbücher: Eines davon hieß *Topinino (Mäuschen)*, dem wenig später die Fortsetzung *Topinino garzone di bottega (Topinino der Laufbursche)* folgte.

Wovon handelte das Buch, weißt Du das noch?

Es ist die Geschichte von Topinino, der die Schulprüfungen nicht besteht und den die Mutter daraufhin in eine Tischlerwerkstatt zur Arbeit schickt.

Hast Du noch in Erinnerung, wie Tante Amelia aussah?

Sie war ziemlich klein, hatte eine liebevolle und sanfte Art, war aber ungemein willensstark. Sie hatte Rosselli, einen Komponisten, geheiratet, der sie aber nach wenigen Jahren mit drei Kindern sitzenließ, um mit einer Ballerina fortzuziehen. Viele Jahre später kehrte er jedoch zurück, um auf der gegenüberliegenden Straßenseite in demselben Haus zu sterben, in dem er einst mit seinen drei Kindern gelebt hatte. Als Witwe überlebte Tante Amelia ihn noch um viele Jahre und zog unter großen Entbehrungen ihre drei Söhne Carlo, Nello und Aldo auf. Sie war eine Frau voller Energie und mit klar ausgeprägten Moralvorstellungen, ein Mensch ganz vom alten Schlage. Sie verstand sich als Sozialistin und erzog ihre Söhne in der liberalen Tradition des neunzehnten Jahrhunderts. Man erzählt sich auch, Giuseppe Mazzini sei im Haus der Rosselli gestorben.

Die Familie Rosselli stammte aus Florenz, nicht wahr?

Ja, das stimmt. Tante Amelia kam von Zeit zu Zeit nach Rom, um meinen Vater zu besuchen. Bei der Gelegenheit begann sie, sich für mich zu interessieren, ich war damals noch sehr klein. »Uh, was für ein drolliges Kind«, rief sie aus, als sie mich das erste Mal sah.

Weshalb fand sie Dich denn drollig? Hast Du Dich selbst auch so gesehen?

Alle behaupteten, ich hätte ein lustiges Gesicht. Ich selber konnte das jedoch nie finden. Schwer zu sagen, welchen Eindruck man auf andere macht. Innerlich muß ich wohl ein Bild von mir haben, das in keiner Weise meinem Äußeren entspricht.

Was für ein Bild ist das?

Ich weiß nicht, spüre aber, daß es mit dem Bild, das sich andere von mir machen, wenig Ähnlichkeit hat. Vielleicht sehe ich mich jünger, als ich wirklich bin. Vielleicht idealisiere ich mich auch. Die Erfahrungen, die man mit sich als ganzem Menschen macht, halten oft nicht Schritt mit den Erfahrungen des eigenen Körpers. Sieh Dir die Selbstbildnisse von Malern an. Selbst die größten Meister haben noch sichtliche Schwierigkeiten und können nur idealisierte Selbstdarstellungen schaffen.

In welcher Beziehung neigst Du zur Selbstverklärung?

Das weiß ich nicht. Ich kann nur sagen, daß ich mich nicht wie einen Achtundsiebzigjährigen sehe. Vielleicht liegt es daran, daß mir immer so zu leben gelungen ist, wie es nicht dem Leben eines Mannes in meinem Alter entspricht.

Kehren wir zu Tante Amelia zurück. Hat Dein Vater sehr an ihr gehangen?

Er schätzte sie sehr.

Wo übernachtete sie während ihrer Rombesuche, bei Euch zu Hause?

Nein, sie ging in ein Hotel oder aber zu ihrem Bruder Gabriele, dem Senator, der zusammen mit seiner Schwester Elena lebte.

Welcher Partei gehörte Gabriele als Senator an?

Gar keiner Partei. Er war Verwaltungsbeamter und ein treuer Diener seines Staates, den man als Krönung seiner verdienstvollen Laufbahn schließlich zum Senator ernannt hatte. Wie mein Vater war auch er ein Mann des neunzehnten Jahrhunderts. Tante Amelia war dagegen viel moderner eingestellt, weniger festgelegt, neugierig und daher auch offener für Zeitströmungen, wie beispielsweise dem Sozialismus. Sie war die Jüngste der Geschwister. Ihr Eingreifen später wurde für mein Leben von ausschlaggebender Bedeutung. Bei einem ihrer Rombesuche, 1923, sah sie, wie schwer ich erkrankt war. Meine Hüftknochentuberkulose konnte schlimmer nicht werden, und seit Monaten lag ich mit Fieber im Bett. Ich litt unter rasenden Schmerzen und hatte die dunkle Ahnung, daß sich mein Leben seinem Ende zuneigte. Meine Tante, deren Sohn Carlo nach einem Motorradunfall mit einem gebrochenen Bein im Rizzoli-Institut behandelt worden war, riet meinem Vater, mich unter allen Umständen dorthin zu schicken. Mein Vater, so gehemmt wie er war, wagte aber vermutlich nicht, den behandelnden Arzt zu wechseln. Wir hatten damals einen alten orthopädischen Facharzt, Doktor Ferraresi, dem auch eine Klinik gehörte. Mein Vater war diesem Esel fast hörig. Er hatte zwar meine Krankheit richtig erkannt, bestand aber darauf, mich nach seinen veralteten Methoden zu behandeln und erzielte oft die gegenteilige Wirkung.

Vielleicht wollte er ja keinen Kunden verlieren?

Wer weiß, auf jeden Fall ging es mir immer schlechter, und zu alledem hatte er mir das Bein auch noch in Gips gelegt, so daß ich unter stechenden Schmerzen litt.

Dein Vater hörte schließlich auf den Rat seiner Schwester Amelia, nicht wahr? Geschah das nun sofort oder erst nach einiger Bedenkzeit?

Amelia, die er sehr schätzte, beharrte mit Nachdruck darauf, mich nach Cortina in die Klinik Codivilla zu schicken, einer Dependence des Bologneser Rizzoli-Instituts. Endlich konnte sich mein Vater dazu durchringen und ließ mich in dieses Sanatorium einliefern. Das war meine Rettung, denn wenn es nach ihm und seiner Schüchternheit und Befangenheit gegenüber diesem Trottel gegangen wäre, hätte ich auch sterben können.

Besuchte Dich Deine Tante dann im Sanatorium?

Nein, dort nicht, aber später, nach meiner Entlassung, lud sie mich nach Florenz zu sich nach Hause ein, wo ich einen Monat lang blieb. Sie empfand gewiß Zuneigung für mich, obwohl sie mich nie ganz richtig begreifen konnte.

Wie meinst Du das?

Sie konnte mich einfach deshalb nicht ganz verstehen, weil ich einer anderen Welt angehörte als sie oder besser noch, gar keiner Welt, während sie eng mit der Welt des rechtschaffenen Bürgertums liberaler Prägung verbunden war. In ihrem Haus verkehrten Historiker, Architekten, Abgeordnete, Professoren, Journalisten, Menschen, die auf mich den Eindruck von Träumern und Geblendeten machten, ohne daß ich hätte sagen können, warum.

Kannst Du das genauer erklären?

Mit ihren Vorstellungen standen diese Leute dem Risorgimento, der Einheitsbewegung des neunzehnten Jahrhunderts, näher als dem zwanzigsten Jahrhundert, genauer dem nationalistischen Element des Risorgimento, das der Faschismus dann für sich in Anspruch nahm, während er dessen liberale Komponente von sich wies. Ich wußte überhaupt nicht, was es mit dem Faschismus auf sich hatte, doch spürte ich, daß diese Vorstellungen, vielleicht auch durch die Art, wie und von wem sie vorgebracht wurden, einfach nicht mehr zeitgemäß waren. Was Carlo, meinen Vetter, anbelangt, so erinnere ich mich noch, wie er mich eines Tages im Sanatorium Codivilla besuchte. Es war im Sommer 1924, kurz nach der Ermordung des Abgeordneten Giacomo Matteotti, als er mir mitteilte: »Im Herbst bringen wir Mussolini vor das Schwurgericht.« Bekanntlich wurde nichts daraus. Ich erwähne diesen Sachverhalt nicht, weil ich Carlo damals unrecht gegeben hatte, sondern weil ich dieser Prophezeiung von vornherein keinen Glauben schenken mochte, zu Recht, wie sich zeigen sollte.

Seit wann hast Du Dir Deine eigenen Gedanken über den Faschismus gemacht?

Das geschah schrittweise und fast unmerklich. Im Grunde beschäftigte ich mich nicht mit Politik, sondern ausschließlich mit Literatur. Lediglich als mein erstes Buch *Die Gleichgültigen* von den Faschisten heftig angegriffen wurde, begann die Politik in mein Blickfeld zu treten.

War es tatsächlich möglich, sich derart fernzuhalten von dem, was sich damals unübersehbar und übermächtig im Leben des Landes ereignete?

Es war tatsächlich möglich, da die Welt zu jener Zeit viel weniger politisiert war als heute. Ein beträchtlicher Teil der damaligen Gesellschaft war wie undurchlässig gegenüber den politischen Ereignissen. Die Literatur ihrerseits hatte viel größere Bedeutung als später nach der Überwindung der verschiedenen Totalitarismen.

Aber der Faschismus beinhaltete doch auch einen gewissen Lebensstil, eine bestimmte Kultur, eine Daseinsform, eine Art der Sprache, eine Moderichtung. Deshalb frage ich Dich, welche Einstellung Du als Junge zu dieser Kultur hattest.

Es ist richtig, wie Du sagst, daß diese Gesellschaft, die sich nicht um Politik kümmerte, dennoch keineswegs immun gegen die typischen Einstellungen und Attitüden des Faschismus war. Es war gewiß keine ahnungslose Gesellschaft, die plötzlich von einer Gruppe von Extremisten angegriffen worden wäre, sondern eine schon in Teilen von der faschistischen Ideenwelt durchdrungene Gesellschaft, die sich dessen freilich nicht bewußt war.

Auf welche Seite stellte sich Deine Familie? Wurde bei Euch zu Hause überhaupt über Politik gesprochen?

Nein, nie. Meine Familie hatte etwas Gesichtsloses. Ohne historische Wurzeln und ohne eine eigene Tradition waren meine Eltern wie Einwanderer, denen eine wirkliche Integration nie gelungen war.

Wie beurteilte Dein Vater den Faschismus?

Ich weiß es nicht, denn er hat nie darüber gesprochen. Aber wahrscheinlich war dies für ihn eine Regierung wie jede andere auch. Ein Faschist war er selbst jedoch mit Sicherheit nicht.

Aber bereitete ihm als Juden die von den Faschisten propagierte Rassenideologie keine Sorge?

Kaum. Niemand hat damals die Gefahr, die vom Faschismus ausging, wirklich begriffen. Außerdem kam das Phänomen des Rassenwahns erst sehr viel später hinzu. Der eigentliche Antisemitismus brach erst 1938 aus. Das Wort Jude ist in meinem Elternhaus nie gefallen. Mein Vater besuchte weder die Synagoge, noch verkehrte er in der jüdischen Gemeinde. Er hatte eine Christin geheiratet, und seine Kinder sind alle getauft worden.

Hat er sich bei Eurer Taufe dem Willen Deiner Mutter gebeugt, oder war dies auch seine Entscheidung?

Er machte sich nichts aus Religion und gläubig war er auch nicht. Nur an Venedig glaubte er. Er hatte nun mal diesen ›Campanilismo‹, diese besondere Leidenschaft für ›seine‹ Stadt.

Aber auch Juden besitzen deutlich erkennbare kulturelle Traditionen. So wird doch auch Dein Vater, selbst wenn er kein gläubiger Jude war, eine ihm nahestehende jüdische Vergangenheit gehabt haben?

Ich bin da anderer Meinung. Mein Vater war hundertprozentiger Italiener, er verehrte Venedig, Shakespeare und die Französische Revolution. Andere Juden, die sich mit der Synagoge verbunden fühlten, habe ich selbst nie kennengelernt. Auch meine Vettern, die Brüder Rosselli, sahen nicht wie typische Juden aus. Italienische Juden waren immer zuerst Italiener und dann Juden, und fast immer waren sie ausgesprochene Bürger. Deshalb sind sie auch häufig Faschisten gewesen. Mit anderen Worten, gegenüber einer Diktatur, die den Schutz des Bürgertums auf ihre Fahnen geschrieben hatte, verhielten sie sich wie Konformisten.

Willst Du damit sagen, daß die Juden in Italien zum Entstehen des Faschismus ihren Teil beigetragen haben, ohne daran zu denken, daß er sich einmal gegen sie selber richten würde?

Mussolini war zuvor Sozialist gewesen und wandte daraufhin seine im Sozialismus gesammelten Erfahrungen auf die Diktatur des Faschismus an. Zur Schaffung eines neuartigen Verhältnisses zwischen Bürgertum und Massen griff er die Idee von der direkten Demokratie wieder auf und brachte so die Politik auf die Straßen und Plätze, unter Ausschaltung aller parlamentarischen und vergleichbaren Instanzen, so daß der Faschismus letztlich ohne jede Opposition und Kritik herrschen konnte.

Ich meinte mit jüdischer Kultur allerdings eher bestimmte Gewohnheiten im Umgang mit dem Essen, der Alltagssprache, dem Geld und dem Familiengefüge.

Es gab keine Spur davon: Mein Vater hatte keine jüdischen Gewohnheiten beziehungsweise Gefühle, die sich mit derartigen Sitten und Gebräuchen hätten verbinden lassen.

Hast Du Dich je mit Deinen Vettern, Carlo und Nello, über Politik unterhalten?

Nein, für sie war ich nur ein kleiner Junge, und ich besaß wohl auch kein politisches Bewußtsein. Dafür begann sich bei mir gerade eine Neigung zur Literatur auszubilden. Doch beobachtete ich viel, und es prägte sich mir manches ein.

Verspürtest Du eigentlich Zuneigung für Tante Amelia?

Sagen wir, ich empfand Dankbarkeit. Aber ihre Ansichten konnte ich nicht teilen. Es waren die Vorstellungen einer bürgerlich-liberalen Frau, noch ganz in der Tradition Mazzinis. Am Anfang pflegte sie zu sagen: Faschismus nein, Mussolini ja, genau wie Benedetto Croce. Ihr Sozialismus war sentimental, wie bei vielen Sozialisten jener Zeit vor der Spaltung von Livorno und der darauffolgenden Gründung der kommunistischen Partei. Sie hatte das Haus voller Bücher und war selbst sehr liebenswürdig in ihrer bürgerlich-kultivierten Art: Der Faschismus hat das alles vernichtet.

Wußtest Du denn schon mit siebzehn Jahren, daß dies ein eher von Gefühlen geprägter Sozialismus war? Was war der Faschismus in Deinen eigenen Augen, und wie sahst Du damals Mussolini?

Ich hatte keine eigene Meinung, weder über Mussolini noch über den Faschismus und auch nicht über den Sozialismus. Ich ahnte freilich dunkel, intuitiv, daß der Antifaschismus unglaubwürdig war, jedenfalls wie er sich zu jener Zeit darstellte. Zu politischer Klarheit gelangte ich selber in dem Moment, als es wegen meiner Bücher zum Zusammenstoß mit dem Faschismus kam. Im übrigen muß man bedenken, daß ich zur Zeit des Marsches auf Rom im Jahr 1922 gerade fünfzehn Jahre alt war und wegen meiner Krankheit bis dahin völlig isoliert gelebt hatte.

Wie waren Deine Vettern?

Zwei überaus kräftig gebaute junge Männer, beide groß und stark, jeder brachte fast einen Doppelzentner auf die Waage. Nello wurde Historiker, und Carlo ließ sich nach seiner Flucht von der Verbannungsinsel Lipari, die ihm zusammen mit dem Sozialistenführer Turati geglückt war, in Paris nieder, wo ich ihn regelmäßig besuchte, wenn ich in die französische Hauptstadt kam. Aber es war nicht die Politik, die uns zusammenführte. Nur ein einziges Mal bat er mich um einen Gefallen, als er mir einen Brief mitgab, den ich in Rom einstecken sollte. Diesmal ging es um Politik. Auf meine Frage, ob es sich dabei um etwas Gefährliches handele, antwortete er lachend: »Für uns wäre es direkt von Vorteil, wenn ein so bekannter Schriftsteller wie Du ins Gefängnis käme.« Ich willigte ein, nahm den Brief an mich und wandte Edgar Allen Poes Methode mit dem gestohlenen Brief an. Mit anderen Worten, ich steckte den Brief so ein, daß er gut sichtbar war; er ragte bis zur Hälfte aus der Tasche meines Regenmantels, den ich im Schlafwagenabteil aufgehängt hatte. Als die Polizei kam, sah sie sich überall um, bemerkte den Brief aber nicht. Poe hatte recht behalten.

Kehren wir noch einmal zu Deiner Familie zurück. Wie benahm sich Dein Vater Deiner Mutter gegenüber? Ich meine, war er nur der ewig murrende, zänkische, aufbrausende Ehemann, oder zeigte er sich manchmal auch zärtlich und liebevoll?

Er war und blieb ein rechter Griesgram. Aber ich könnte mir denken, daß er viel Geld für sie ausgegeben hat. Meine Mutter ließ immerhin bei den besten Schneiderinnen arbeiten und wurde in den Juweliergeschäften als gute Kundin begrüßt.

Willst Du damit sagen, daß er keine Opfer scheute, nur um ihre Wünsche zu erfüllen?

Ich denke wirklich, daß es so war. Er dagegen trug tagaus, tagein dieselbe dunkle Kleidung, einen dunkelgrauen Anzug und einen schwarzen Mantel. Bei großer Kälte zog er sich noch einen pelzgefütterten Überrock darüber.

Und wie reagierte Deine Mutter auf seine griesgrämige Art?

Sie hat bestimmt darunter gelitten. Manchmal sah ich sie nach gänzlich überflüssigen Auseinandersetzungen weinen. Hinzu kam noch, daß er sie immer allein ließ. Nach dem Essen machte er seinen Mittagsschlaf und ging dann aus, kein Mensch wußte wohin. Er kam zum Abendessen wieder, und ging erneut fort, diesmal ins Café, soviel war allgemein bekannt.

Kannst Du Dir wirklich nicht vorstellen, wohin er nachmittags ging? Vielleicht zu einer anderen Frau, möglicherweise zu Kindern, die er noch hatte?

Nein, dazu war er nicht der Typ. Ich glaube, daß er tatsächlich spazieren ging. Meine Mutter machte sich aber doch ihre Gedanken und dachte daran, ihn beobachten zu lassen. Wenigstens sprach sie davon, ohne in der Sache allerdings etwas zu unternehmen.

Womit beschäftigte sich Deine Mutter den ganzen Tag allein zu Hause?

Sie kümmerte sich um ihre Töchter, die Köchin und das Hausmädchen. Oder sie las, zurückgezogen in ihrer Salonecke im englischen Stil, oder drehte ihre Haare in Locken.

Mit dem Brenneisen?

Ja, in ihrem Badezimmer stand ein Frisiertisch mit einem dreiteiligen Spiegel aus hellem Holz, der mit weißer Organza überzogen war. Sie setzte sich davor und begann, sich ihre Locken zu drehen. Einmal warf sie den Brennspiritus um, und der Frisiertisch fing Feuer. Aber es passierte nichts weiter.

Und schautest Du ihr zu, während sie sich die Locken drehte?

Nein, ich sah sie nur manchmal im Vorübergehen. Ich höre noch, wie das Gasflämmchen jedesmal einen dumpfen, halberstickten Knall gab, wenn es angezündet wurde.

Was befand sich im Badezimmer Deines Vaters?

Mein Vater benutzte zum Rasieren das Rasiermesser und einen Dachshaarpinsel. Es standen mehrere Rasiermesser und eine Schüssel für den Schaum bereit. Zuerst strich er das Messer über den Abziehriemen, und dann begann er sich zu rasieren.

War er dabei noch im Pyjama?

Er war schon fix und fertig angezogen; nur ganz selten habe ich meinen Vater unbekleidet zu Gesicht bekommen.

Während Deine Mutter bis zum Mittagessen im Morgenrock um-
herlief, kleidete sich Dein Vater an, sobald er aufgestanden war?

Ja, kaum aus dem Bett, zog er sich im Winter lange Wollunterhosen an, die er über den Knöcheln festband, und dazu ein Leibchen
aus Leder. Darüber trug er ein Hemd, eines von diesen Hemden
mit abknöpfbaren Kragen und einem goldenen Knopf. Auch die
Manschetten ließen sich abnehmen. Diese Ärmelaufschläge bo-
ten ihm gelegentlich hilfreiche Dienste für schnelle Berechnungen mit dem Bleistift bei seiner Arbeit auf der Baustelle. Dann
zog er sich den Anzug an, der gerade an der Reihe war, meist einen dunkelgrauen, wie ihn damals die Angehörigen höherer Be-
rufe alle trugen.

Hast Du solche Wollunterhosen in Deiner Kindheit auch getra-
gen?

Nein, nie, ich fand sie einfach lächerlich, und ebensowenig trug
ich Lederleibchen. Aber mein Vater fror eben leicht. Wenn es sehr
kalt wurde, was in Rom selten der Fall war, zog er einen Pelzman-
tel über, der einen eigenartigen Eindruck auf mich machte. Außen aus schwarzer Seide und innen gefüttert mit Katzenpelz. Dieser Mantel hatte gleichzeitig etwas von einem Schleppkleid, einer
Simarre und einem kostbaren Kleidungsstück.

Ging er damit auch spazieren?

Ja, ich glaube schon. Abends ging er immer ins Café, mochte
kommen, was da wollte.

Wo lag dieses Café eigentlich?

Momo, so hieß es, befand sich, soweit ich mich erinnere, in der
Via XX Settembre. Er ging zu Fuß die Via Po entlang, dann die
Via Romagna, um sich schließlich im Café im Kreis seiner
Freunde niederzulassen und sich mit ihnen über die Tagesereig-
nisse zu unterhalten.

Durftest Du manchmal mitgehen?

Hin und wieder — nein, das stimmt nicht, es war überhaupt nur ein einziges Mal. Ich war damals fünfzehn, als er mich eines Abends mitnahm, und so lernte ich seine Freunde kennen. Ich langweilte mich schrecklich und stellte außerdem fest, daß sich mein Vater überhaupt nicht an der allgemeinen Unterhaltung beteiligte. Meiner Meinung nach gehörte er zu jenen Menschen, die ganz in ihrem Beruf aufgehen und im übrigen ohne eigene Meinung auskommen.

Ob er vielleicht auch da unter seinen Hemmungen litt?

Vielleicht. Auf jeden Fall konnte er sich selbst mit seinen Freunden nicht unterhalten.

Hat Dich Dein Vater jemals geschlagen?

Gelegentlich gab er mir ein, zwei Kopfnüsse auf den Hinterkopf; eigentlich war es nicht der Rede wert, trotzdem brachte er mich damit auf die Palme, nicht zuletzt, weil mir sein schwerer, eingefaßter Goldring dabei weh tat.

Was für ein Ring war das?

Mein Vater besaß drei Ringe: Einen goldenen Siegelring, mit dem er sein Monogramm C.P. in den Siegellack drückte; sodann eine himmelblaue römische Kamee mit einem eingravierten Kaiserkopf...

Ist das der Ring, den jetzt Deine Schwester Adriana trägt?

Ja, ich glaube. Der dritte Ring war der Trauring.

Wie hast Du auf seine Kopfnüsse reagiert?

Gar nicht, was blieb mir sonst übrig? Aber mehr noch als die

Kopfnüsse ärgerten mich seine heftigen Zornesausbrüche. Er wirkte wie ein Epileptiker, der, puterrot im Gesicht, mit beiden Händen die Tür umklammert und wutschnaubend an ihr rüttelt. Diese Ausbrüche machten mich ganz fassungslos, zumal es immer um nichtige Anlässe ging. Wenn es aber mal wichtige Gründe gab, regte er sich überhaupt nicht auf. Wahrscheinlich, weil die von nichtigen Anlässen ausgelösten Wutanfälle in Wirklichkeit dem Gefühl von Lebensüberdruß, das weitaus umfassender ist als jede andere noch so wichtige Ursache, zum Ausdruck verhalfen.

Du sagtest vorhin, Deinen Vater peinigten nicht die Seelenschmerzen seiner Zeit, sondern sein Verdruß sei auf genau bestimmbare Gründe zurückzuführen.

Ja, aber wie kann man so etwas mit Bestimmtheit wissen? Vielleicht hat auch er gelegentlich an dem sogenannten ›Weltschmerz‹ gelitten.

Hat Deine Mutter Dich als Kind eigentlich geschlagen?

Nein, meine Mutter hat sich vielmehr ihr ganzes Leben bemüht, die Lebensweise unserer Familie mit den gesellschaftlich allgemein üblichen Erwartungen in Einklang zu bringen, und dies ist ihr bis zu einem gewissen Grade auch gelungen. Sie wollte, daß ihre eigene Familie genauso ist, wie alle anderen Familien derselben gesellschaftlichen Klasse ringsum auch. Doch statt eines wirklich existierenden Vorbildes hatte sie eher eine Idealvorstellung vor Augen, denn anders als in der Provinz, wo sich alle kennen und miteinander verkehren, lebten wir wie eine Familie entwurzelter Emigranten. Mein Vater kam aus Venedig, meine Mutter aus Ancona. Beide haben sich in Rom niemals richtig heimisch gefühlt, trotz aller Anstrengungen meiner Mutter.

Lag diese Isolierung wirklich nur an dem Charakter Deines Vaters? Oder gab es auch objektive Gründe hierfür, wie etwa die Tatsache, daß Ihr Euch erst seit kurzem in Rom niedergelassen habt und sich Euch daher noch nicht die meist festverschlossenen Türen der gehobenen römischen Berufswelt geöffnet hatten.

Beides wird eine Rolle gespielt haben. Mein Vater war seiner Frau aber auf keinen Fall eine Hilfe, sondern behielt seine Gewohnheiten, die noch aus dem vorigen Jahrhundert stammten, bei. Danach blieb die Frau zu Hause, der Mann ging zur Arbeit und anschließend ins Café, natürlich allein. Meine Mutter war schon etwas moderner eingestellt, aber auch sie wußte nicht recht, wie sie sich verhalten sollte, und allein konnte sie herzlich wenig ausrichten.

Hast Du selbst unter Eurer Isolierung gelitten?

Ich erinnere mich nur noch dunkel an diese Zeit. Auf jeden Fall war meine Mutter eine jener damals zahlreichen Madame-Bovary-Gestalten, und mein Vater war von ungeschliffener, rustikaler Art, ein »rustego«, wie Goldoni sagt. Meine Mutter lud zuweilen gerne Freunde zum Abendessen ein, und bei diesen Gelegenheiten zeigte sich seine ganze Unbeholfenheit und sein wenig geselliger Charakter. Er konnte sich einfach nicht auf ungezwungene Art unterhalten und bewegen, obwohl er sich offensichtlich darum bemühte.

Meinst Du, daß er seine schüchtern-brüske Art zu überspielen versuchte und lieber ein anderer Mensch gewesen wäre?

Nein, das glaube ich weniger. Alle gesellschaftlichen Verpflichtungen und jedes gesellige Beisammensein mußten für ihn eine Qual gewesen sein, darin lag das Problem.

Gingen Deine Eltern manchmal gemeinsam aus?

Meine Mutter nahm sich jedes Jahr ein Abonnement für die Oper, deren Aufführungen sie gemeinsam besuchten. Sie gingen auch zu Theaterpremieren und manchmal ins Konzert.

Nahmen sie Dich in die Oper oder das Theater mit?

Einmal im Jahr kam ich an die Reihe. Ich durfte mir das Ballett *Excelsior* und *Der Florentinerhut* ansehen.

Was war das für ein Ballett?

Das war ein Musical, ein Loblied auf den Fortschritt. Es begann mit einem Triumphmarsch, dann wurde es dunkel auf der Bühne. Räuber waren zu hören, die ihre blankgezogenen Degen kreuzten. Danach gab es wieder Licht, man sah den Suezkanal, und kurz darauf erschien ein richtiger Eisenbahnzug mit hellerleuchteten Scheinwerfern.

Wie wirkte ein solches Theaterstück auf Dich?

Es hinterließ einen gewaltigen Eindruck. Als Kind hat mich immer alles tief beeindruckt, wenn es nur nicht zum gewöhnlichen Familienalltag gehörte.

War Dein Vater eigentlich fortschrittsgläubig? Wie stand er als Ingenieur zu der aufkommenden Technologie?

Von Technologie war damals noch nicht die Rede, es gab lediglich das Ingenieurwesen. Er selber machte sich, glaube ich, nicht viel aus dem Fortschritt.

Das Automobil jedoch schien er sehr zu lieben, gehörtet ihr nicht zu den ersten in Rom, die ein Auto besaßen?

Ja, wir waren unter den ersten, die sich ein Auto gekauft hatten. Die Photographie war eine weitere Leidenschaft meines Vaters. Das fällt mir jetzt erst wieder ein, ich hatte es ganz vergessen.

Photographierte er selber?

Ja, zwar machte er nicht viele Aufnahmen, aber er hatte seinen Spaß daran und entwickelte sie auch selbst.

Was für einen Apparat benutzte er?

Eine Kodak, glaube ich, die mit einem Handblasebalg ausgestattet war, dazu kamen ein Stativ und ein schwarzes Tuch.

Mußtet Ihr beim Photographieren Modell stehen?

Ja, manchmal.

Hast Du dabei bestimmte Posen einnehmen müssen?

Das weiß ich nicht mehr.

Besitzt Du noch ein Photo, das er gemacht hat?

Ich glaube kaum, daß noch irgend etwas erhalten geblieben ist. Du weißt ja, ich hasse die Vergangenheit und bewahre prinzipiell nichts auf.

Welches Auto habt ihr gefahren?

Einen Fiat Ter. Und mit diesem Fiat fuhren wir auch in die Sommerfrische.

Wie alt warst Du, als sich Eure Familie um den Fiat erweiterte?

Sieben oder acht Jahre.

Und wo verbrachtet Ihr die Sommerfrische?

Einen Sommer lang waren wir in Olévano Romano, wohin kein Zug fuhr, so daß wir mit dem Auto anreisen mußten. Ich weiß noch, wie ich bei der Abfahrt einen blauen Matrosenanzug trug, der bei der Ankunft weiß war – über und über mit Staub bedeckt.

Seid Ihr oft nach Olévano gefahren? Wo lag dieser Ort, auf dem flachen Land oder im Gebirge?

Im bewaldeten Hügelland. Wir fuhren allerdings nur einmal dorthin. Meine Mutter nahm damals Bettwäsche, Lebensmittelvorräte und das Hausmädchen mit: ein regelrechter Umzug. Wir blieben fünf Monate lang, und während dieser Zeit pendelte mein Vater zwischen Rom und Olévano hin und her.

Woran kannst Du Dich in Olévano noch erinnern?

Ich erinnere mich noch, wie ich für mich allein auf dem Vorsprung eines terrassenförmig angelegten Hügels spielte: Ich hatte mir mit Rohrstöcken eine Schiffsreling gebaut und hißte mit einem Taschentuch die Flagge; dann tat ich so, als wäre ich auf dem Oberdeck eines Kriegsschiffes, setzte zum Angriff an, schrie, schoß und fiel um — alles allein.

Hattest Du denn niemanden zum Spielen?

Ich war als Kind ein Einzelgänger, Du weißt es ja. Es gab da noch einen Jungen in meinem Alter, aber der gehörte zu den Feinden.

Ein Feind, wie meinst Du das?

Es war im Jahr 1916, und Italien führte Krieg mit Österreich. In der Zeit war viel die Rede von deutschen Spionen. Mit einem Stück Kreide hatte ich die Worte gemalt: Gigi ist ein Spion.

Wer war Gigi?

Der Sohn eines Nachbarn, der einzige Gleichaltrige weit und breit.

Und warum nanntest Du ihn einen Feind?

Gigi las die Schmähung, ergriff ein Messer und lief auf mich zu. Um mich in Sicherheit zu bringen, tat ich so, als wollte ich meinen Vater, der gerade die Zeitung las, umarmen. Das ist die ganze Geschichte.

Wie ging es mit der Schule während dieser fünf Monate auf dem Land?

Nun ja, ich mußte in Olévano die Prüfungen für die dritte Grundschulklasse wiederholen. Die Schule am Ort, die ich besuchte, hatte an Spelunken erinnernde Klassenräume; sie war in einem alten Rathausgebäude untergebracht mit kahlen Räumen, in denen mit mutwillig gebohrten Löchern übersäte Holzbänke standen: In Italien herrschten damals Armut und rauhe Sitten. Eine Typhus-Epidemie ging zu der Zeit um und raffte viele Kinder dahin. Meine Mutter organisierte ein Wohltätigkeitskonzert, auf dem eine berühmte Sängerin auftrat. Zusammen mit meiner Mutter übten einige Damen und die Sängerin jeden Tag in dem Speisezimmer des Hauses, wo wir zur Miete wohnten. Ebenfalls in dieser Zeit strickten diese Damen mit meiner Mutter Windhauben für die Soldaten an der Front, und ich mußte zum Knäuelaufwickeln, die Arme ausgestreckt, stundenlang dastehen, mit der aufgestreiften grauen, fettenden Wolle, die übel roch. Da fällt mir zum Krieg noch eine aufschlußreiche Episode ein, die Licht auf das Ausmaß der italienischen Beteiligung an dem damaligen Krieg wirft. Mit eigenen Augen sah ich zwei alte Frauen, beide den Rücken voll beladen mit riesigen Reisigbündeln, wie sie sich in die Arme fielen und ausriefen: »Sie haben Gorizia eingenommen, sie haben Gorizia genommen.«

Wie wirkte dieses Schauspiel auf Dich?

Einfach absurd wirkte es, obwohl ich nichts vom Krieg verstand und auch nicht wußte, wo Gorizia lag. Eine ganz andere Erinnerung ist die Weinlese, die in meiner kindlichen Wahrnehmung etwas Eigenartiges, Sinnliches hatte. Ich sehe noch die Männer mit hochgekrempelten Hosenbeinen vor mir, wie sie mit ihren bloßen Füßen die Weintrauben pressten. Ringsherum standen Maulesel, beladen mit Bütten voller Weintrauben, die von taumelnden Wespen und Hornissen umschwärmt wurden. In der Luft hing der beißend-saure Geruch von gekelterten Weintrauben.

Und wo verbrachtet ihr sonst Eure Sommerfrische?

Entweder in den Marken oder in den Abruzzen, in Francavilla; manchmal an der See und manchmal auf dem Land. Als wir das erste Mal an die See fuhren, war ich drei. Beim Anblick des Sonnenuntergangs soll ich nach den Erzählungen meiner Mutter immer gesagt haben: »Mare bulo bulo beto ninna« (Meer dunkel dunkel Alberto heiaheia). Einmal waren wir auch in der Schweiz, in Seelisberg, wo ich mich noch an Spaziergänge inmitten dichter Wälder erinnern kann, umgeben von durchdringendem Moosgeruch, von Moschus, während man in der Ferne den See erblicken konnte. Ich soll ein so reizendes Kind gewesen sein, erzählt jedenfalls meine Mutter, daß mich einmal ein deutsches Ehepaar um jeden Preis adoptieren wollte.

Woran kannst Du Dich noch in der Schweiz erinnern?

An langweilige Mahlzeiten, bei denen meine Mutter sich über die mangelhafte Aufmerksamkeit der Kellner beklagte und mein Vater gereizt reagierte. Das ist aber schon alles.

Olévano hat Dich anscheinend mehr beeindruckt.

Ein anderes Mal sind wir nach Alto Adige (Tiroler Etschland) gefahren, in die Siusi-Alpen. Ich erinnere mich noch an ein eisigkaltes Schwimmbecken, in das ich mit Vergnügen hineinsprang.

Wie alt warst Du da?

Fast dreizehn, also kurz bevor meine Krankheit ausbrach. Ich weiß noch, wie ich zu der Zeit einen Russen, der allerdings ein halber Italiener war, während der Bahnfahrt kennenlernte; er hieß Cenerini. Er war aus Rußland geflohen und wollte sich, so erzählte er mir, beim italienischen Heer melden.

Warum das denn?

Das weiß ich nicht. Er hatte keine einzige Lira mehr in der Tasche und mußte irgend etwas unternehmen. Als er mir erzählte, er wolle wegen der Korfu-Krise nach Griechenland gehen, entgegnete ich ihm: »Weißt Du denn nicht, daß alles zu Ende ist, und man bereits Frieden geschlossen hat?« Er darauf voller Verzweiflung: »Und was soll ich jetzt machen?« Ich bot ihm an, mich in Rom anzurufen.

Kannst Du mir Cenerini beschreiben?

Wie ein Koloß sah er aus, blond, dumm und plump. Ich kehrte nach Rom zurück und vergaß unsere Begegnung. Eines Tages tauchte er wieder auf. »Ich kenne einen Journalisten«, erzählte er mir, »der hat mir in Moskau zu einem Paß verholfen.« Dieser Journalist war Caffi.

Erzähle mir von ihm.

Caffi war hochgewachsen, schlaksig und hatte ein strahlend leuchtendes Gesicht. War Cenerini ein ungeschlachter Mensch, so war Caffi ein Mann von Geist, ein Schwärmer und Träumer, dabei ungemein intelligent. Er kannte sich in den revolutionären Kreisen in Rußland gut aus. Man hatte ihn dort zum Tode verurteilt, aber er konnte fliehen, kam nach Italien und ließ sich in Florenz nieder. In dem Tagebuch von Scipio Slataper kann man folgende Eintragung nachlesen: »Der zum Tode verurteilte Caffi ist angekommen, wir wollen ihn gut behandeln.« Im Auftrag des *Corriere della Sera* ging er 1918 als Korrespondent nach Rußland zur Berichterstattung über die sowjetische Revolution. Man gab ihm Geld für seine Spesen und seine zukünftigen Artikel, er aber schrieb einige Zeit darauf in einem Brief an den *Corriere*: »Ich sah zuviele ausgehungerte Menschen, und da habe ich das Geld unter ihnen verteilt.« Typisch Caffi.

Habt Ihr Euch angefreundet?

Ja, er war mir ausgesprochen sympathisch. Ich war damals fünfzehn und er fünfzig. Er war ein bedeutender Mann, hochgelehrt und sehr phantasievoll, aber auch reichlich zerstreut und ein wahrer Zeitverschwender. Beispielsweise beschloß er, ein Buch über die Kunst byzantinischer Spitzenarbeit herauszugeben. Als er schließlich Berge von Material zusammengetragen hatte, besann er sich und gab das Vorhaben auf. Er war ungemein gebildet und hatte eine vornehme Art.

Wie erklärst Du Dir dann die Freundschaft zwischen diesen beiden so unterschiedlichen Menschen: Caffi, ein hochkarätiger Intellektueller und Cenerini, ein ungeschlachter Mensch, um Deine Worte zu gebrauchen?

Caffi hatte mit Cenerini Mitleid gehabt und ihm zur Flucht aus Rußland verholfen. Er sah in ihm einen Schlaukopf. Ich selbst blieb mit Caffi bis zu seinem Tode befreundet.

Aber laß uns nochmal einen Schritt zurückgehen, denn bisher haben wir gar nicht über Deinen Bruder Gastone gesprochen. Als er zur Welt kam, warst Du sieben Jahre alt. Wie hast Du seinen Eintritt in die Familie erlebt?

Er beeindruckte mich in keiner Weise, da ich niemals ein Verhältnis zu ihm gehabt habe. Sehr viele Jahre später dann, als er in den Krieg zog, sagte er mir, daß er nicht mehr an den Faschismus glaubte. Er wurde in faschistischem Sinne erzogen und mußte schließlich für ein Ideal sterben, an das er nicht mehr glauben konnte.

Hast Du denn gar keine andere Erinnerung an ihn?

Ich sagte ja schon, wir standen uns sehr fern und dies nicht allein wegen des Altersunterschieds, sondern auch wegen unserer so unterschiedlichen Erfahrungen und Interessen. Wir hatten nichts miteinander zu tun.

Ihr habt schließlich zwanzig Jahre lang unter einem Dach zusammengelebt: Ist das wirklich alles, was Du mir von ihm sagen kannst?

Wirklich, es ist so: wir waren grundverschieden. Er wollte Ingenieur werden und wäre, denke ich, ein normalerer Mensch als ich geworden.

Waren Deine Schwestern auch mit in der Sommerfrische? Spieltet Ihr nicht manchmal miteinander: so wie Du es erzählst, gewinnt man den Eindruck, Du und Deine Mutter wärt beide allein an der See oder auf dem Land in den Ferien gewesen.

Nein, alle waren zusammen da: meine Mutter, mein Vater und meine Schwestern. Aber gespielt haben wir nie miteinander.

Kannst Du Dich noch an andere Bekanntschaften aus dieser Zeit erinnern?

Ich lernte auch den einen oder anderen Gast aus dem Hotel kennen. An ein junges Mädchen aus Mailand, die mir gefiel, kann ich mich noch gut erinnern.

Wo war das?

In Alto Adige.

Kannst Du sie mir beschreiben?

Sie war ein brünetter Typ und sah hübsch aus. Sie gefiel mir gut, aber sie bedeutete mir nichts.

Und wer bedeutete Dir mehr?

Als ich elf Jahre alt war, lernte ich eine Freundin meiner Mutter kennen; sie wurde zur großen Liebe meiner Kindheit, eine frühreife Liebe – so herb, daß sie mich völlig verwirrte. Sie gab mir einen Kuß und ließ mich ihre Brüste liebkosen. Sie selbst war neunzehn Jahre alt.

Wie kam es, daß Deine Mutter Umgang mit einer Neunzehnjährigen pflegte?

Es war eine der üblichen Strandbekanntschaften. Im übrigen war meine Mutter selbst noch jung, sie muß um die dreißig herum gewesen sein. Das Mädchen empfand Sympathie für sie und kam regelmäßig zu Besuch.

Wie lange hielt Deine Liebe für sie an?

Es war nicht eigentlich Liebe, es war etwas Undurchdringliches, Rätselhaftes, das mich ganz verwirrte: Ich habe sie, sagen wir ruhig so, geliebt von meinem elften bis zum fünfzehnten Lebensjahr. Sie war die Frau, die mir in meiner Phantasie vor Augen schwebte. Ich hatte noch keinen Samenerguß gehabt und wußte daher nicht, daß sich ein Mann auf diese Weise mit seinem Körper ausdrückt. Ich war nicht eigentlich verliebt in sie, sie kam mir nur gelegentlich in den Sinn.

Und wie sah sie aus?

Sie war hochgewachsen und hatte eine üppige Figur. Sie wollte mit mir schlafen, weil sie *La freccia nel fianco* von Luciano Zuccoli gelesen hatte, wo sich ein kleiner Junge in eine Frau verliebt. Ihre Vernarrtheit in mich war also eher eine literarische Schwärmerei.

Und bei Dir?

Mir lag überhaupt nichts an ihr, ich sagte es ja. Ich wußte noch nicht, wie man liebt.

Wenn Du die Freundin Deiner Mutter bis zu Deinem fünfzehnten Lebensjahr geliebt hast und Du mit dreizehn die kleine Mailänderin kennenlerntest, dann bist Du wohl vorübergehend Deiner langjährigen Liebe untreu geworden, nicht wahr?

Ich bin nicht ganz sicher, ob ich wirklich dreizehn war, vielleicht bringe ich auch die Zeiten durcheinander. Die Freundin meiner Mutter, so viel weiß ich noch, schenkte ihr vor der Abreise ihr Photo mit einer Widmung. Kaum waren wir wieder in Rom, stellte meine Mutter das Photo auf das Klavier. Sobald ich merkte, daß sie außer Haus war, stahl ich mich in den Salon, um mir das Bild anzuschauen.

Du sagtest eben, sie sei die Frau gewesen, die Dir »vor Augen schwebte«. Verkörperte sie Deine Idealvorstellung von einer Frau, hast Du das gemeint?

Nein, sie entsprach in keiner Weise meinem Frauenideal. In meinen Vorstellungen mochte ich zwar große, üppige Frauen wie sie, vielleicht weil sie das Bild der großen Mutter Erde wachrufen, wer weiß; später bin ich jedoch stets an kleingewachsene und zierlich gebaute Frauen geraten. In meinen Träumen hatte ich sehr wirklichkeitsnahe Vorstellungen, aber offensichtlich machte die Wirklichkeit selbst es sich unbeirrt zur Aufgabe, meine Träume Lügen zu strafen. Bei der erwähnten Leserin von Zuccolis Roman hatte ich das Gefühl, von irgend etwas Wichtigem gestreift worden zu sein, ohne es ganz erfaßt zu haben. So mußte sich meine Sinnlichkeit weiterhin mit meinen angelesenen Vorstellungen und den Illustrationen aus Büchern zufriedengeben.

Willst Du damit sagen, daß Du Dich in die Frauengestalten Deiner Bücher verliebt hast?

Das nicht, es lockten mich vielmehr die Abbildungen nackter Frauen, so die Illustrationen von Doré zum *Orlando Furioso* oder auch zur *Divina Commedia*. Im *Orlando* sehe ich noch die Abbildung mit dem Titel *Angelika an den Felsen gefesselt* vor mir: Sie, die an den Felsen gefesselt sich windet, und ein Drache, der sie bedroht; schließlich erscheint ein Ritter und befreit sie mit seinem Schwert. Eine andere Frau, die mir gefiel, war Dantes Taide, auch sie unbekleidet, beziehungsweise auf dem Felsen liegend. Und dann Tamar aus der Bibel, die von ihrem Stiefbruder Ammon verführt wird: Er stellt sich krank und bittet darum, sie möchte ihm Krapfen backen; und in dem Moment, als sie ihm die Krapfen reichen will, greift er zu und vergewaltigt sie. Das Hohelied dagegen, im allgemeinen als erotisches Epos bezeichnet, hat mich nie interessiert; es war mir zu süßlich.

Ob Du wohl gern mit offenen Augen geträumt hast?

Ja, aber doch eher in Verbindung mit Kunstwerken. So gibt es ein Bild, das sich mir tief eingeprägt hat; es war die unsympathische Russin im *Generale Duraquine* der Comtesse De Segure.

Was hatte es denn mit der bösen Russin auf sich?

Man bringt sie auf die Polizei, und dort wird sie in eine Bodenluke gestoßen, in der sie, wie in einer Falle, von der Taille an abwärts steckenbleibt; von unten werden ihr die Höschen ausgezogen, und dann wird sie ausgepeitscht.

Wem fühltest Du Dich bei diesem Anblick näher, ihr, der Ausgepeitschten oder vielleicht eher denen, die die Peitschenhiebe austeilten?

Weder ihr noch den anderen. Grausamkeit in Verbindung mit Liebe lag mir noch nie. Dieses ganze Waffenarsenal aus Peitschen und Ketten widert mich einfach an. Dennoch war ich als Kind tief davon beeindruckt. Ich erinnere mich auch noch an die Milady der *Drei Musketiere* von Dumas, die mit Brandzeichen markiert wird.

Wo, an welcher Stelle ihres Körpers?

Auf ihren schönen nackten Schultern.

Hast Du dabei masturbiert?

Nein, ich kam nachts, wenn ich nicht daran dachte.

Hast Du es als kleiner Junge nie getan?

Doch, ab und an. Aber ich mochte den Samenerguß nicht, weil mir das Gefühl nach der empfundenen Lust verhaßt war.

Ein Gefühl des Verlustes, war es das?

Nein, sondern ein Gefühl des Ekels.

Ekel im moralischen Sinn?

Nein, es war die Vorstellung, dem Verlangen nachgegeben zu haben. Ich wollte stärker sein als das Verlangen.

Also ein Gefühl des Ekels, das von Deiner vermeintlichen Willensschwäche herrührte?

Ja, von einer Charakterschwäche; es gab aber keinerlei moralischen Zusammenhang mit Gedanken wie: Sünden des Fleisches und ähnlichem.

Du hattest vielleicht die Vorstellung, Dein Verlangen sollte bei Dir im Körper bleiben, anstatt sich auszudrücken, sich wegzugeben?

Im Grunde, ja. Das Verlangen selbst, so denke ich im übrigen heute auch noch, ist seiner Befriedigung vorzuziehen.

Das erinnert mich an die Sage von der Kundalini-Schlange. Der Mensch ist wirklich stark, wenn es ihm gelingt, sämtliche Körperöffnungen, mitsamt den Genitalien, fest zu verschließen. Gelingt ihm dies, so wird die Pflanze, nämlich das Rückgrat, sich aufrichten und ihre Blätter ausstrecken können. Aber das kann nur in dem Augenblick gelingen, in dem jede körperliche Befriedigung ganz fortfällt.

Ja, es geht ein wenig in diese Richtung. Als Junge sammelte ich meine Kräfte, indem ich mein Verlangen bei mir behielt und ihm nicht nachgab.

Aber in Deinem Buch Eheliche Liebe *wird Silvio gerade dafür bestraft, weil er seine, zugegeben etwas naive, Vorstellung von Sublimierung in die Praxis umgesetzt hat: seine Frau wird ihn mit dem Erstbesten betrügen.*

So ist es, *Eheliche Liebe* übt nämlich Kritik an einer allzu wörtlich begriffenen Vorstellung von Sublimierung. So meine ich das auch in *Ich und Er*, freilich mit einem Unterschied: In *Eheliche Liebe* wird die Sublimierung auf kritische Weise, in *Ich und Er* als Komödie dargestellt. Der Grundgedanke ist der, daß die Umwandlung des Eros in schöpferische Energie nur auf natürlichem Wege, also ohne äußere Einwirkungen des Willens geschehen darf.

Du sagtest eben, daß Du nie masturbiert hast, um dann hinzuzufügen, daß Du es manchmal tatest, allerdings mit einem Gefühl des Ekels. Wie alt warst Du, als es zu diesem Übergang von der sexuellen Unwissenheit zur sexuellen Bewußtheit kam, von der unbewußten Enthaltung zur willentlichen Enthaltung?

Ich war damals etwa neun, als ich in Viareggio mit einigen anderen Jungen zusammenkam, die schon so ihre Erfahrungen gemacht hatten und mir das Masturbieren beibrachten.

Dann hat sich wirklich das abgespielt, was Du in Agostino *erzählt hast? Auch das Vespucci-Bad hat es tatsächlich gegeben?*

Ja, wenn es auch nicht mit der Badeanstalt identisch war, die im Buch beschrieben ist. Vespucci war damals ein typischer Name, daher habe ich ihn übernommen. Das Vespucci-Bad lag am Ende einer langen Bäderreihe, kurz ehe die Pineta begann. Seine Kabinen reichten bis zum Marco-Polo-Bad. Danach erst begannen der freie Strand und die Macchia, das Buschwerk, die sich bis zum Fosso dell'Abate, einem öden, verlassenen Platz hinzogen.

Wie war es damals in Viareggio, woran kannst Du Dich noch im einzelnen erinnern?

Die Stadt sah ungefähr so aus wie heute, bis auf die Tatsache, daß das Stadtgebiet damals mit dem Marco-Polo-Bad aufhörte. Heute fühlt man sich in Viareggio in eine ganz bestimmte Zeit zurückversetzt, denn die gesamte Stadt wurde in den Jahren zwischen

1890 und 1920 erbaut. Eine Stadt ganz im Jugendstil, mit eleganten Villen und umgeben von hochgewachsenen Meeres-Pinien, in der man immer noch eine gewisse europäische Aura verspürt, einen Hauch jenes genießerischen Europas der Belle Epoque. Das Hafenbecken, der Kanal und die Mole, die alten Fischerboote mit ihren roten Segeln: ein wunderschöner Anblick. Ganz im Hintergrund, in der Altstadt, auf einem viereckigen Platz mit einer Grünanlage in der Mitte, stand ein Haus, dessen Fenster stets verschlossen waren und das ich mir gerne ansah. Es hieß, dort sollten Gespenster umgehen.

Hast Du denn an Gespenster geglaubt?

Das nicht.

Und was hat Dich an diesem Haus so besonders angezogen?

Das Geheimnisvolle an ihm. Das Geheimnis hat mich schon immer mächtig angezogen, vielleicht auch deshalb, weil ich beim Schreiben Klarheit bevorzuge (nicht zu verwechseln mit Vereinfachung) und eine dementsprechend klare Sprache gebrauche. Das Geheimnisvolle stellt ein wenig ein Gegengewicht zu dieser Geradlinigkeit her. Im übrigen bin ich der Meinung, daß man niemals die ganze Wahrheit wissen kann. Man kann es nicht im Kleinen und schon gar nicht im Großen, wenn es gewissermaßen um die Gründe und Ursachen geht. Wissenschaftler und Priester bemühen sich mit ihren absoluten Gewißheiten, dem Geheimnisvollen auf die Spur zu kommen. Ich habe diese Leute noch nie ausstehen können, denn ich selbst komme mit diesen Dingen gut zurecht: Das Geheimnisvolle ist, so glaube ich, ein Synonym für Realität.

Das Geisterhaus war, so könnte man vielleicht sagen, wie ein Geheimnis im kleinen und eine Anregung zum Nachdenken, da es all die großen Geheimnisse des Lebens in sich zu bergen schien.

So kann man es ausdrücken.

Aber kehren wir nach Viareggio zurück. In Agostino *werden einige Erfahrungen beschrieben, die allen Jungen gemeinsam sind, wenn sie in das Erwachsenenalter eintreten. Außerdem gibt es aber noch bestimmte Einzelheiten, die in vielen Deiner Bücher auch später wieder auftauchen. Einmal ist da das Verhältnis zu seiner Mutter, das von einem verletzten Gefühl, einer Enttäuschung herrührte. So heißt es von dem Jungen Agostino:*

> *»Was ihn eigentlich so unwiderstehlich zum Vespucci-Bad zog, war vermutlich neben der so neuartigen Gemeinschaft mit anderen Jungen gerade jener brutale Hohn auf seine Mutter und ihre mutmaßlichen Liebschaften. Die Nacktheit der Mutter, die ihm einst ein lieber und unschuldiger Anblick war, stieß ihn plötzlich ab durch seine Einführung in die Männlichkeit und schreckte ihn. Aber zugleich zog sie ihn unwiderstehlich an ...«*[3]

Gerade dieses Thema der Abstoßung und Anziehung kehrt in Deinen Romanen häufig wieder — stimmst Du darin mit mir überein?

Natürlich. Einerseits fühlte ich mich angezogen, andererseits besaß ich aber auch den Moralismus aller Heranwachsenden. Irgend etwas stürzte mich in eine Krise. Ich war niemals katholisch, wurde auch nicht religiös erzogen, aber die Sexualität hat mich aus der Fassung gebracht. Jugendliche sind eben immer Moralisten, davon muß man ausgehen. Sexualität erscheint ihnen als etwas Bedrohliches, als ob sie die Persönlichkeit in ihrer Entwicklung gefährde.

Es gibt dann noch einen zweiten Aspekt, den ich in Agostino *ebenso wie in Deinen anderen Büchern wiederholt angetroffen habe, nämlich die Sexualität in Form quälerisch-grausamer Beobachtung des begehrten Körpers. Ich zitiere noch einmal aus* Agostino*:*

> *»Unbehagen, Verdruß und Widerwillen blieben in Agostino bestehen; nur während sie früher aus einer kindlichen Zuneigung entstanden waren, untermischt und beunruhigt vom dunklen Bewußtwerden der mütterlichen Weiblichkeit, erwuchsen sie nach jenem, in Saros Zelt verbrachten Vormittag, aus einem*

bitteren, unlauteren Gefühl der Neugier heraus, das ihm durch seine standhaft beharrende kindliche Ehrfurcht nur noch unerträglicher gemacht wurde...«[4]

Ich selber habe nie derartige Gefühle verspürt, hier geht es tatsächlich um literarische Phantasien. Ich bin nicht Agostino.

So scheint es, daß Agostino sich seiner eigenen Sexualität durch den Körper seiner Mutter bewußt wird. Um nun aber dem Inzest auszuweichen, muß Agostino die Vorstellung des weiblichen Körpers mit unerbittlicher Härte weit von sich rücken:

> *»Seine Mutter bewegte sich vor seinen Augen, als sei er gar nicht anwesend, befestigte sich die Strümpfe oder zog sie aus, parfümierte sich und machte sich zurecht. Alle diese täglichen Handlungen waren Agostino früher ganz natürlich vorgekommen, nun erschienen sie auf einmal in einem neuen, bedeutsamen Licht als sichtbare Zeichen einer weitreichenden und gefährlichen Wirklichkeit, die seine Seele zwischen Neugier und Schmerz hin und her zerrte... Im übrigen scheiterte seine Hoffnung, in ihr nichts weiter als eine Frau zu erblicken, ganz plötzlich. Er machte sich sehr bald klar, daß sie, wenn auch zum Begriff ›Frau‹ gewandelt, in seinen Augen mehr als je die Mutter darstellte. Auf einmal wußte er: jene grausame Scham, die er zuerst nur der Neuheit seiner Gefühlswelt zuschrieb, würde ihn nicht mehr verlassen... Endlich wurde ihm ganz klar, er könne niemals seine neue Meinung von ihr von der getrübten Erinnerung an ihre frühere Würde trennen. (...) Er sehnte sich fast schon zurück nach dem Mitleid, das die Unbeholfenheiten der Mutter anfangs in ihm geweckt hatten; dieses Mitleid war so viel menschlicher und liebevoller als die gegenwärtige erbarmungslos-klarsichtige Wachsamkeit.«[5]*

Genau diese Wachsamkeit in Bezug auf den mütterlichen Körper scheint mir, selbst noch als ästhetischer Blick, ein Bestandteil all Deiner Romane geworden zu sein.

In Wirklichkeit war dies aber nicht der Fall. Ich spionierte meiner Mutter in keiner Weise nach. Ihr Körper hat in mir niemals sexuelle Wünsche erweckt.

Aber selbst wenn alles frei erfunden ist, so bleibt doch die Tatsache bestehen, daß Dein auf den weiblichen Körper gerichteter Blick, wenigstens in Deinen Büchern, immer gepaart ist mit einer Art Grausamkeit.

Meine Mutter hat mir in gar keiner Weise gefallen; wenn ich ehrlich bin, hat mir sogar vieles an ihr ausgesprochen mißfallen.

Agostino glaubt − Du erlaubst, wenn ich darauf beharre -, den Körper seiner Mutter objektivieren zu müssen, um ihn seinem Verlangen gegenüber immun zu machen, und will ihm daher einen anderen Körper entgegenstellen und zwar den unreinsten aller Frauenkörper, den einer Prostituierten. Und mit den Jungen vom Vespucci-Bad begibt er sich nun auf die Suche nach ihm. Da heißt es:

> »Das wirkliche Erlebnis mit einer jener Frauen, so grübelte Agostino, würde für immer die Verhöhnungen der Jungen widerlegen (sie hielten ihn für homosexuell, nachdem er mit dem Mann mit den sechs Fingern freiwillig im Boot hinausgefahren war) und zur gleichen Zeit endgültig das dünne Band irregeleiteter, zweideutiger Sinnlichkeit zerreißen, das ihn immer noch mit seiner Mutter verknüpfte.«[6]

Und Agostino beschließt, sich auf die Suche nach diesem Ersatzkörper zu machen, ausgerechnet nach einem Erlebnis, das ihn besonders berührt hat. Seine Mutter lädt nämlich eine Bekannte zu sich ein und muß sie irgendwo unterbringen; sie überläßt ihrem Besuch daraufhin ihr Bett und schickt sich an, im Zimmer ihres Sohnes zu schlafen. An diesem Punkt wird die Versuchung übermächtig:

> »Deshalb mußte er als Gegengift möglichst rasch das Bild einer anderen Frau zwischen sich und die Mutter schieben, an das er sich dann wenigstens in Gedanken, wenn schon nicht mit den Blicken, halten könnte...«[7]

An dieser Stelle frage ich mich, ob Du nicht auch weiterhin, wohlgemerkt in Deinen Büchern und nicht im wirklichen Leben, sondern in der Welt der Vorstellung, immerfort einen Ersatz für den mütterlichen Körper gesucht hast, den Du gleichsam in einem

Blick »erbarmungslos-klarsichtiger Wachsamkeit« bis zur Erstarrung gefrieren ließest. Trägt im übrigen nicht einer Deiner Romane sogar den Titel L'attenzione (Inzest)?

Ich sagte Dir schon früher, mein Verhältnis zu meinen Eltern war das eines fremden Menschen. Aber auch wenn das zuträfe, was Du eben sagtest, wann eigentlich hätte es passieren sollen? Schon nach meinen allerfrühesten Kindheitserinnerungen, die bis zum dritten Lebensjahr zurückreichen, hatte ich nur Gefühle des Überdrusses und der Fremdheit für alles, was mit der Familie zusammenhing. Meine Eltern waren nicht anders als andere Eltern – ich war es, der anders war, überempfindlich in meinen Gefühlen und ihnen wie ausgeliefert.

Welche Rolle spielte der Katholizismus in Eurer Erziehung?

Die moralischen Vorstellungen, die in meinem Elternhaus zählten, waren die bürgerlichen Moralvorstellungen, die aber natürlich identisch waren mit den katholischen, schließlich lebten wir in Italien. Ich weiß noch, wie meine Mutter eines Tages meinen Schwestern den weiteren Umgang mit zwei Freundinnen untersagte, weil sie den Eindruck hatte, bei unserem Fangenspielen im Haus wäre es zu erotischen Spielen gekommen. Obwohl dies in keiner Weise zutraf, durften meine Schwestern fortan diese Freundinnen nicht mehr nach Hause einladen.

Wie verhielt sich Dein Vater in solchen Fällen?

Mein Vater äußerte sich nicht dazu. Im übrigen war er kaum zu Hause.

Wie sprach Deine Mutter über andere Frauen?

Wenn die Rede auf eine Prostituierte kam, sagte sie »so eine«. Ihr Horizont war reichlich eng, und sie neigte dazu, vielleicht auch aus einem gewissen Schutzbedürfnis heraus, sich an die typischen Vorurteile ihres gesellschaftlichen Milieus zu klammern. Wenn außerdem gelegentlich der Name einer Dame aus dem römischen Stadtviertel Parioli fiel, die in dem Ruf stand, ungebunden und unkonventionell zu leben, so ließ meine Mutter eine Bemerkung wie »Ach, die da« fallen und zog die Brauen hoch.

Gebrauchte sie denn auch Ausdrücke wie: »Verderbtes Frauenzimmer«?

Nein, derlei Ausdrücke verwendete man zwanzig Jahre früher. So hat Giovanni Pascoli einmal über die russischen revolutionären Studentinnen geschrieben: »Ihr Verdorbenen unter den verdorbenen Frauen.« Nein, meine Mutter folgte nur ganz beflissen den Konventionen der Gesellschaftsklasse, der sie angehörte. Aber Dacia, Du hast sie doch selbst kennengelernt, welchen Eindruck machte sie denn auf Dich?

Als ich sie kennenlernte, war sie schon eine alte Dame. Sie wirkte auf mich ausgesprochen nüchtern und sehr vernünftig. Für Dich empfand sie große Bewunderung, obwohl sie Deine typische Art, ›Anstoß zu erregen‹, nicht billigte. Ich kann mich noch an die aufgetürmten Berge von Illustrierten auf dem Tisch im Salon bei ihr zu Hause erinnern. Auch sehe ich ihren schönen Schmuck vor mir. Einmal schenkte sie mir zu Weihnachten ein Blumenkörbchen aus Gold und Halbedelsteinen; ein anderesmal ein englisches Döschen mit kleinen Pickwik-Plastiken, die ich noch heute besitze. Sie war eine Frau, für die, so schien mir, handfeste, langlebige Dinge ihre Bedeutung hatten, das galt im übrigen auch für die Welt der Gefühle.

Ja, so war sie wirklich. Für Dich empfand sie übrigens eine Sympathie, die sie für Elsa nie aufbringen konnte.

Aber warum bloß mochte sie Elsa nicht?

Meine Mutter hatte darauf bestanden, ihr wie einer Jungvermählten gute Ratschläge mit auf den Weg zu geben. Elsa aber verbat sich das, und sofort herrschte Kriegsstimmung. Im Grunde begann es schon am Tage unserer Hochzeit: Nach der kirchlichen Trauung gingen wir zum Essen zu meiner Mutter nach Haus, die sofort damit begann, Elsa zu erklären, wie man den Haushalt führen müßte und wo und wie man sparen könnte; darauf widersprach ihr Elsa recht deutlich, und beide sahen sich nie wieder.

Hat es niemals ein Einlenken gegeben, von keiner der beiden Seiten?

Für Elsa gab es zwei Gruppen von Menschen, solche mit Seele und solche ohne Seele. Meine Mutter gehörte ihrer Meinung nach der zweiten Gruppe an. In Wirklichkeit aber war Elsa nicht imstande, in meiner Mutter jenen Madame-Bovary-Typ wiederzuerkennen, also eine der immer wiederkehrenden Figuren, von deren Existenz im Prinzip auch sie überzeugt war. Elsa kannte nur die drei Charaktertypen: den Don Quichotte, Achilles und Hamlet. Ich selbst hatte in ihren Augen gar nichts von Don Quichotte, sondern war für sie eher eine Mischung aus Hamlet und Achilles.

Das sind drei männliche Charaktermodelle. Gab es für sie nicht auch bestimmte weibliche Figuren, denen Frauen ähnlich sein konnten?

So viel ich weiß, fielen auch Frauen, ihrer Ansicht nach, unter die drei genannten männlichen Modellgestalten. Aber wie auch immer, meine Mutter war in jeder Hinsicht eine Madame Bovary, bis in die kleinsten Einzelheiten: Denke nur an ihre mit Kirschen und kleinen Vögeln verzierten schwarzen Strohhüte, an die betont eleganten, mit Seide und Samt besetzten Kleider, an diesen Muff mit den Veilchen ... an ihre mit beflissenem Eifer betriebenen Besuche von Komödien, die in aller Munde waren, ihre Konzertabonnements, obwohl sie von Musik überhaupt nichts verstand, ihre wiederholten Versuche, elegante Abendessen zu geben, und das in einer unwillig-widerborstigen Familienatmosphäre; ihr ganzes Verhalten war typisch für einen frustrierten, launenhaften Charakter.

Ihr Bedürfnis nach Musik, nach Theater soll wirklich nur Ausdruck ihres Konformismus gewesen sein; wie ist so etwas möglich?

Wie ich schon sagte, meine Mutter war ein Bovary-Typ. Sie fühlte sich nicht dem gesellschaftlichen Milieu zugehörig, das sie sich zum Vorbild gemacht hatte, und war nun auf jede erdenkliche Weise bemüht, sich ihm anzupassen. Kurz gesagt, in kulturellen Dingen folgte sie dem Allerweltsgeschmack, so wie auch umgekehrt, jedermann ihren Geschmack hatte.

Wurdest Du manchmal von Deinen Eltern ins Konzert mitgenommen?

Nein. Es war mein Großvater, der mich manchmal ins Kino mitnahm; mit ihm habe ich auch meinen ersten Film gesehen.

Weißt Du noch, was für ein Film das war?

Es war ein Film nach einem Stück von D'Annunzio; ich weiß zwar nicht mehr den Namen des Regisseurs, aber der Film hat mich unglaublich beeindruckt.

Vielleicht weißt Du noch den Titel?

Ebensowenig. Es war ein blaugetönter Filmstreifen, der eine verzauberte Welt voller Ungeheuer zeigte; es kamen Schauspieler vor, mit bisterbraun geschminkten Augen und mehlweiß gefärbten Gesichtern, die Türpfosten umklammert hielten.

Ging Deine Mutter gelegentlich allein oder nur mit Deinem Vater zusammen aus?

Abends ging meine Mutter nur mit ihm aus, sonst blieb sie daheim. Deine Fragen gehören allerdings in eine andere Epoche, denn damals ging eine Frau abends nur mit ihrem Mann aus; wäre sie allein gegangen, so hätte man sie auf abenteuerlichen Abwegen vermutet, um es gelinde auszudrücken.

Wie war es tagsüber, konnte sie da allein fortgehen?

Das ja.

Und wohin ging sie?

Zur Schneiderin, besser noch, zu ihren diversen Schneiderinnen, bei denen sie arbeiten ließ. Außerdem machte sie die sogenannten Freundinnenbesuche und schließlich ihre Besorgungen.

Hatte Deine Mutter eigentlich viele Freundinnen?

Ich glaube nicht, sie hielt sich die meiste Zeit zu Hause auf.

Empfing sie ihre Freundinnen auch bei sich?

Ja, ab und an zum Tee.

Kannst Du Dich an die eine oder andere ihrer Freundinnen erinnern, abgesehen von der Neunzehnjährigen, in die Du Dich verliebt hattest? Vielleicht eine, die Deine Phantasie besonders beflügelt hat?

Nein, wirklich an niemanden, bis auf das erwähnte Mädchen.

Nahm Dich Dein Vater manchmal zu Ausstellungen mit?

Nein, nie.

Und zum Besuch von Museen?

Ebensowenig.

Hätte Dir so etwas Spaß gemacht, mochtest Du Bilder gern?

Ja, sehr. Während unserer Aufenthalte in Viareggio hatten wir ein Haus gemietet, das Villino Carovigno; es war eine Art Schlößchen, eine kleine, rotfarbige Ritterburg mit runden Türmen. In ihm bewahrte der Besitzer, ein Antiquitätenhändler, viele seiner riesigen Gemälde auf.

Waren es sehr viele Bilder, die in dem Villino an den Wänden hingen?

Die Villa war vollgehängt mit Schinken aus dem siebzehnten Jahrhundert. Ich konnte sie stundenlang anschauen und mir dabei phantastische, mythische Geschichten mit Faunen und Nymphen ausmalen. Ich weiß wirklich nicht, warum ich nicht Maler geworden bin. Die Malerei hat mir schon immer besser gefallen als die Literatur.

Ging Dein Vater, der gern malte, auch in Ausstellungen oder besichtigte er Museen?

Nein, und auch sonst nahm er mich nicht mit, höchstens sonntags in die Milchbar Bernardini, die sich heute Casina delle Rose nennt.

Und was tatet Ihr dort?

Wir blieben eine Weile, suchten uns einen Platz und bestellten große Schalen mit Sahne und Waffelröllchen, während ringsum die Schweizer Kühe weideten. Meine Mutter nahm mich gelegentlich zu ihren Schneiderinnen mit. Meistens schickte sie mich aber mit den Gouvernanten in die Villa Borghese, die waren schließlich dafür da.

Wohin hättest Du Deine Mutter denn gern begleitet?

Nun ja, in den Park oder ins Theater. Aber nicht weil mich die gerade vielgerühmten Komödien von Lucio D'Ambra, Nino Berrini oder Sam Benelli so besonders interessiert hätten, nein, ich mochte eben gerne ausgehen und dabei etwas Anderes und Neues erleben.

Habt Ihr zu Hause normalerweise die Mahlzeiten gemeinsam eingenommen?

Ja, alle zusammen.

Wie ging es dabei zu?

Ersteinmal gab es überreichlich zu essen bei uns, die Ernährung hatte fast schon etwas Zwanghaftes. Dahinter steckte auch wieder meine Mutter, keine Frage. Immer wenn ich mich an meinen Platz setzte, fand ich links und rechts vom Teller zwei Eidotter, mit jeweils einem Löffel.

Wie bitte, jeden Tag zwei Eidotter?

Ja, jeden Tag. Sie heißen die ›Austern-Eier‹.

Deine Mutter war wohl besorgt, Du würdest sonst nicht genügend esse? Bildet sie sich das nur ein, oder warst Du zu mager und appetitlos?

Nein, vor dem Ausbruch der Krankheit ging es mir blendend, ich war gesund und kräftig.

Und trotz dieser Eierkur wurdest Du krank. Welches Gericht kam am häufigsten bei den Mahlzeiten auf den Tisch?

Regelmäßig gab es einen ersten Gang: entweder Spaghetti, Ravioli oder Tagliatelle; danach ein Fleischgericht: Scaloppa alla Milanese mit Zitrone angerichtet, Beefsteak oder Braten mit gedünstetem Spinat; zum Schluß einen Nachtisch.

Den Nachtisch wirklich jeden Tag?

Das weiß ich nicht mehr genau, vielleicht war es auch nur sonntags.

Wurde bei Euch Wein getrunken und wenn ja, welche Sorte?

Wir Kinder bekamen keinen Wein, dafür aber die Dienstboten. Bei ihrer Einstellung kam es immer zu langwierigen Verhandlungen über die Weinmenge, die ihnen vertraglich bei uns zustehen sollte.

Tranken Deine Eltern selber keinen Wein?

Wenig, sehr wenig, und dann nur den offenen Wein der römischen Castelli.

Gab es auch Obst zu den Mahlzeiten?

Gewöhnlich nahm mein Vater die Obstverteilung in die Hand: Er löste die Schale von der Apfelsine, nahm sie auseinander und verteilte die Apfelsinenspalten unter uns. Auch die Nachspeise teilte er, ganz in der Rolle des Vaters, in Portionen auf, die er uns dann auf die Teller gab.

Kam es auch vor, daß er manchmal einen Nachtisch kaufte und ihn nach Hause mitbrachte?

Ja, gelegentlich brachte er Kuchen oder Gebäck auf einem Tablett an; die einzelnen Stücke wurden dann richtig feierlich unter uns verteilt. Auf seine Weise war er ein liebevoller Vater. Ich weiß noch, wie er mich einmal als kleines Kind nachts, in Decken eingehüllt, auf die Terrasse trug, um mir ein Feuerwerk zu zeigen. Das war in der Zeit, als ich die leidige Angewohnheit hatte schlafzuwandeln. Man gab den Heften von Nick Carter und ihrem allzu starken Einfluß auf mich die Schuld daran, so daß mir schließlich diese Lektüre von meinem Vater verboten wurde. Heimlich ließ er alle Bücher von Salgàri verschwinden, aus Sorge, sie könnten mich zu sehr aufregen.

Lag es wirklich an Salgàri oder Nick Carter, daß Du in der Nacht schlafwandeln mußtest?

85

Ich weiß es nicht, aber meine Eltern sahen da einen Zusammenhang: Jedesmal wenn ich den Abend mit der Lektüre der Abenteuer von Nick Carter verbracht hatte, stand ich während der Nacht auf und ging im Zimmer umher.

Kannst Du Dich noch an andere Ereignisse aus dieser Zeit erinnern?

Ich weiß noch, wie ich eines Nachts vor dem Fenster aufwachte: Ich hatte bereits die Fensterläden aufgestoßen und stand vor dem Fenster.

Hattest Du Angst in diesem Moment?

Nein.

Gab es überhaupt etwas, was Dir als Kind Angst gemacht hat?

Nein gar nichts. Ich bin wohl von Natur aus nicht ängstlich, glaube ich.

Du warst gerade dabei, von der aufmerksamen, liebevollen Art Deines Vaters zu erzählen, und ich habe Dich unterbrochen.

Er war ein in sich gekehrter, griesgrämiger Mensch, aber er konnte sich auch gefühlvoll und großzügig zeigen. Später, als ich erwachsen war und ihn um Geld für die Veröffentlichung meines Romans *Die Gleichgültigen* bat, gab er mir anstandslos fünftausend Lire, was für damalige Verhältnisse sehr viel Geld war, etwa fünf Millionen heutiger Lire.

Und wie hast Du ihm Deine Dankbarkeit gezeigt, oder hatte er, Deiner Meinung nach, vielleicht nur seine Pflicht getan?

Nein, sein überaus großzügiges Verhalten war mir wohl bewußt, aber ich trug meine Dankbarkeit ihm gegenüber nicht sonderlich zur Schau. Du weißt ja, wir unterhielten uns nicht miteinander.

Carlo Pincherle, Alberto und Gina De Marsanich
1912 in Salsomaggiore

Er war so verschlossen und befangen, obwohl er manchmal geradezu gefühlvoll sein konnte. Wie wahr sind doch die *Bemerkungen über das Familienleben* von Edmondo De Amicis: Eine Mischung aus Zuneigung und Verlegenheit, aus unterdrückten Zärtlichkeiten und Beklommenheit. Aber heutzutage ist alles anders geworden.

Anfangs sagtest Du, daß Du kaum liebevolle Gefühle für Deinen Vater empfinden konntest, um später dann von ihm in aller Ausführlichkeit und mit bewegten Worten zu erzählen. Die schönsten Erinnerungen an Deine frühe Kindheit scheinen mit ihm verbunden zu sein, während Du von Deiner Mutter voller Geringschätzung sprichst. Standest Du ihr innerlich wirklich so fern, oder ist Deine Abneigung nicht eher das Ergebnis enttäuschter Liebe aus früher Kindheit?

Meine Mutter wuchs in einer sehr, sehr armen Familie auf und arbeitete als Schreibfräulein, bevor sie meinen Vater heiratete. Man kann sich nun ausmalen, wie groß ihre Anstrengungen gewesen sein müssen, ganz bürgerliche Dame zu werden, gerade weil sie es in Wirklichkeit nicht war. Sie wollte um gar keinen Preis aus der Rolle fallen, und so erschien ihr alle Extravaganz, jede persönliche, originelle Note unangemessen. Sie wollte sich unbedingt anpassen und war mit all ihrer Kraft bestrebt, den gängigen Normen Folge zu leisten.

Fiel es Dir deshalb so schwer, sie lieb zu haben?

Es läßt sich schon in Flauberts Roman nachlesen, daß Personen wie Madame Bovary zu den weniger liebenswerten Menschen gehören, da sie immerfort unzufrieden sind und sich obendrein in allerlei Lügengespinsten verwickeln.

Hast Du in Deiner Jugend niemals den Wunsch verspürt, später selber eine Familie zu haben, natürlich eine ganz andere, mit Kindern, die man liebhaben könnte?

Auch wenn er schon mal 5000 Lire bekommt ...

... um einen Roman zu veröffentlichen – eine sichere Geldanlage ist das wohl kaum. Es gibt bessere.

Pfandbrief und Kommunalobligation

Meistgekaufte deutsche Wertpapiere - hoher Zinsertrag - bei allen Banken und Sparkassen

Verbriefte Sicherheit

Nein, ich lehnte diese Welt ganz und gar ab; deswegen konnte ich auch allem Neuen gegenüber so offen sein. Am Familiendasein konnte mich aber auch gar nichts reizen; das eigentliche Leben begann für mich erst außerhalb der häuslichen vier Wände; nur dort wurde es richtig frei, es gab keine Abhängigkeiten, und es lockten Abenteuer.

Und dennoch hast Du bis zu Deinem dreiunddreißigsten Lebensjahr in Deinem Elternhaus gelebt.

Ich war nicht gesund genug, um für meinen Lebensunterhalt arbeiten zu können, ich war ja lange krank gewesen. Ich ließ mich lieber von meinem Vater unterhalten, als einer Arbeit nachzugehen, die mich vom Schreiben nur abgehalten hätte. Auf diese Weise waren es mindestens fünfzehn Jahre, die Zeit von meinem siebzehnten bis zum dreiunddreißigsten Lebensjahr, die ich ohne eigenes Geld in der Rolle des Sohnes der Familie verbrachte. Zum Schluß, als ich schon dreißig war, gab mir mein Vater 500 Lire Taschengeld monatlich. Doch auch in diesem Alter war ich immer noch nicht völlig gesund; ich kränkelte lange Zeit, ehe ich meine langwierige Krankheit vollständig überwunden hatte, sie hat meine ganze Entwicklung als Jugendlicher überschattet. Ich bin wohl erst seit 1943, also von meinem fünfunddreißigsten Lebensjahr an, ein normaler Mann im Vollbesitz aller körperlichen Kräfte.

Du gehörst für mich zu den Menschen, die mit großer Sorgfalt ihre Kleidung auswählen. Wie hast Du Dich als Kind gekleidet und was mochtest Du am liebsten tragen? Hat sich Dein Geschmack in der Übergangszeit vom Kind zum Jugendlichen merklich verändert?

Ich hatte immer eine Schwäche für Stoffe, besonders für solche aus weicher Wolle und aus Cord, sowie für Jacken aus Fischgratgewebe. Das war aber erst später, als ich älter wurde; in meiner Kindheit bestimmte meine Mutter, was ich anzog. Gewöhnlich trug ich damals einen aus Hose und Jacke bestehenden Matrosenanzug, den meine Mutter aus Paris von dem Warenhaus Galeries Lafayette hatte kommen lassen. Zusammen mit dem Anzug kam noch eine Trillerpfeife an, die ich mir umhing.

Kannst Du Dich an bestimmte andere Kleidungsstücke erinnern?

Ich hatte noch einen Sommeranzug aus rotem Trikot mit einem weißen Bordürenrand, den ich sehr gern mochte und das erste Jahr in Viareggio trug.

Warum gefiel Dir ausgerechnet dieser Anzug so gut?

Das kann ich wirklich nicht sagen. Kleidungsstücke allgemein, so wie überhaupt bestimmte Gegenstände, gefielen mir einfach. Ich erinnere mich in diesem Zusammenhang noch an einen Briefbeschwerer aus massivem Blei auf dem Arbeitstisch meines Vaters. Das war beispielsweise ein Gegenstand, der mich faszinierte. Sodann an eine kugelrunde Schale aus Kupfer, eine Art Kelch, in dem er Reißzwecken, Münzen und Federn aufbewahrte. Es ist das einzige Stück von ihm, welches ich heute noch besitze. Ich kann mich auch an ein kleines Fläschchen mit einer grellgrünen Flüssigkeit erinnern, die giftig aussah. Ich habe nie erfahren, was das war.

Vielleicht Tinte, damals benutzte man grüne Tinte.

Dann faszinierte mich auch noch ein Fläschchen, das mein Vater im Bad stehen hatte, mit der Aufschrift: ›Pilules pink pour personnes pâles‹ (Rosa Pillen für blasse Menschen), ein Wortspiel also. Gut gefiel mir auch eine Metallschale, in der er seine Rasierseife aufbewahrte.

Hältst Du es eigentlich für möglich, daß Dein Vater Deine Mutter betrogen hat?

Das ist völlig unmöglich. Stell Dir vor, schon beim Handkuß wurde er rot bis über die Ohren vor lauter Schüchternheit und

Verlegenheit, trotz seiner sechzig Jahre. Damals gehörte sich der Handkuß noch.

So war Deine Mutter seiner also ganz sicher?

Nicht unbedingt, denn ich höre sie noch sagen: »Wer weiß, wo er sich eigentlich den ganzen Tag über aufhält.« Von Zeit zu Zeit machte sie sich auch Gedanken. Aber wahrscheinlich hielt auch sie ihn nicht für den Mann mit einer Geliebten im Hintergrund.

Wußtest Du denn, wohin er ging?

Nein, zumindest nicht mit Sicherheit, aber ich vermute, er ging spazieren. Dabei pfiff er vor sich hin und fegte mit seinem Spazierstock die herumliegenden Kippen aus dem Weg.

Ging er auch abends spazieren?

Nein, abends ging er ins Café Momo, zwanzig Minuten zu Fuß von unserem Haus.

Hielten sich auch Frauen in dem Café auf?

Ach was! Frauen blieben abends zu Hause.

Dein Vater ist sein Leben lang diesem Café treu geblieben?

Soviel ich weiß, ja. Er war ein Gewohnheitsmensch und allen Veränderungen abgeneigt, eben ganz ein Mensch im Stil des neunzehnten Jahrhunderts. Die goldenen Manschettenknöpfe, die er trug, waren für mich solch ein Relikt dieses anderen und schon weit zurückliegenden Zeitalters.

Dabei muß ich an Charlot (Charlie Chaplin) denken, der sich die Texte von Liedern auf die Manschetten schrieb. Wenn die ihm dann beim Tanzen herunterfielen, wußte er nicht mehr, was er eigentlich singen sollte. Kannst Du Dich daran noch erinnern?

Ich weiß nur noch, daß Charlot in einem Restaurant die Rechnung auf einer Manschette zusammenaddierte, mehr nicht.

Dein Vater hatte etwas Pathetisches an sich. Das Pathetische kann manchmal ins Komische umschlagen. Wann ist das der Fall?

Pathetisch war mein Vater schon, komisch aber nicht. Der Gegensatz zwischen pathetisch und komisch ist eher bezeichnend für die Romanliteratur des neunzehnten Jahrhunderts. Dickens ist hierfür ein Beispiel, und eigentlich ist ja Charlot eine Dickenssche Figur. Heutzutage gibt es das Gegensatzpaar komisch-pathetisch nicht mehr. Alles ist Kritik und also im Grunde komisch. Eine letzte ganz große Verehrerin des Pathetischen war übrigens Elsa Morante, die sich ja auf den Roman des neunzehnten Jahrhunderts bezog, wenngleich mit deutlich ironischer Akzentsetzung.

Deinen Vater könnte man also als pathetisch bezeichnen, weil er in seiner ganzen Art noch dem neunzehnten Jahrhundert verhaftet war.

Richtig, und dazu war er noch sentimental. Einmal habe ich ihn sogar weinen sehen, weil ich ihm eine kränkende Antwort gegeben hatte.

Wie alt warst Du da?

Ich war dreiunddreißig, es war also das Jahr 1940. Er selber war schon durch seine Arteriosklerose geschwächt und benahm sich fast wieder wie ein Kind.

Hast Du Deine Mutter jemals pathetisch erlebt?

Sie war es immerzu: Eine Madame Bovary ist per se pathetisch, mit all ihren unerfüllt gebliebenen Sehnsüchten. Aber es fehlte ihr auch nicht an gesundem Menschenverstand, man könnte es fast eine gewisse Bauernschläue nennen.

Kannst Du Dir eigentlich vorstellen, daß Deine Mutter außer Deinen Vater noch jemand anderen geliebt hat?

Ich glaube, sie hatte eine Liaison, wie man damals dazu sagte. Aber das war erst sehr viel später, und alles spielte sich äußerst diskret ab. Sie redeten sich mit ›Sie‹ an, sahen sich selten und befolgten die üblichen Anstandsregeln sorgfältig.

Kannst Du mir diesen Mann beschreiben?

Wir fanden ihn komisch und lachten manchmal über ihn.

Wir, das waren Adriana, Elena und Du?

Ja, wir drei.

Sah er gut aus?

Nein, er war klein und hatte sehr große, ausdrucksvolle Augen.

Und wie verhielt er sich Euch Kindern gegenüber?

Er war ausgesprochen freundlich und sehr verständnisvoll.

Hat dieses Verhältnis längere Zeit bestanden?

Ja, viele Jahre lang. Er war eine Art ergebener Kavalier, ganz im Stil bestimmter Figuren in den Stücken Goldonis. Meine Mutter behandelte ihn jedoch schlecht; ich habe nie ganz begriffen, ob sie wirklich ein Liebesverhältnis miteinander hatten oder nicht. Wenn er sich an sie wandte, sagte er: »Liebste Signora, wie geht es Ihnen heute?«

In nahezu all Deinen Büchern kommt eine Mutterfigur vor, die fast immer mit einem Gefühl der Feindseligkeit und einer Art Ekel gezeichnet ist: Einer Mischung von zurückgewiesener sinnlicher Lust, körperlicher Anziehung und einem Bedürfnis nach Distan-

zierung. Oft wirkt diese Mutter richtig lächerlich; sie versucht, verführerisch zu sein, ohne dabei auf Gegenliebe zu stoßen, stattdessen fällt sie mit ihren sentimentalen Übertreibungen eher lästig. Häufig erscheint eine solche Frauengestalt in Verbindung mit Geld, mit verstecktem, mit gehortetem Geld – immer in Deinen Büchern, versteht sich. Ich denke hierbei an die Passage mit der Geldkassette im Roman Der Ungehorsam, *oder auch an eine ähnliche Stelle in* La Noia. *Was bedeutet diese sich wiederholende Verbindung vom mütterlichen Körper und dem Geld?*

Was soll das schon bedeuten? Ich habe mir das alles lediglich ausgedacht! Bei uns zu Hause gab es keine Geldkassetten.

Ich behaupte ja auch nicht, daß die Textstellen mit der Realität identisch sein müssen. Aber auch das Erfundene hat seine Begründung, besonders wenn es sich in verschiedenen Büchern wiederholt, die noch dazu in verschiedenen Zeiten geschrieben wurden. In Agostino *heißt es beispielsweise:*

> *»Was für Beziehungen bestanden zwischen dem Geld – welches im alltäglichen Leben dazu diente, fest bestimmte Gegenstände von nachprüfbarer Qualität zu erwerben – und den Liebkosungen, der Blöße weiblichen Fleisches?«*[8]

Diese Frage stellst Du anläßlich Agostinos Erlebnis mit der Prostituierten. Doch Agostino glaubt, sich von der Anziehung zu seiner Mutter befreien zu können, wenn er mit einer Prostituierten schläft, und hierbei gewinnt das Geld nun eigenartigerweise den Wert eines Symbols der Befreiung von dem verführerischen Reiz der Mutter.

Allen meinen Büchern liegt eine wesentliche eigene Erfahrung zugrunde, nämlich das Erlebnis der Familie; und das gilt auch, wie ich schon erwähnte, für *Agostino.* Aber die einzelnen Figuren und Situationen sind frei erfunden. Das Geld, zum Beispiel, hat überhaupt nichts damit zu tun. Die Geldfrage spielte bei der Niederschrift von *Agostino* so wenig eine Rolle für mich, daß ich mir nicht einmal die Mühe gemacht habe, den Leser darüber zu informieren, wie Agostino im Bordell die Frau bezahlen wollte. In dem Roman gibt es nicht einen einzigen Hinweis auf diesen, für den Besuch eines solchen Etablissements wesentlichen Sachverhalt. Ein Schriftsteller der realistischen Richtung hätte wohl zuallererst die Verlegenheit des Jungen, der ohne Geld dastand, beschrieben. In den *Aufzeichnungen aus einem Totenhaus* von Dostojewski, zum Beispiel, ist die Geldfrage in Verbindung mit der Prostituierten eines der Hauptthemen der Erzählung. In *Agostino* aber ist in keiner Weise die Rede davon.

Leider muß ich Dir widersprechen. Du hast offensichtlich vergessen, wann Du dieses Buch geschrieben hast. Man könnte auch sagen, Dein Gedächtnis habe es verdrängt. In Agostino gibt es immerhin neun Seiten, auf denen Agostinos Suche nach Geldmitteln ausführlich beschrieben wird, seine Berechnungen, die er anstellte, und seine Betrachtungen über das Geld.

»Der Gedanke, Geld zu bezahlen für jene schamhafte, verbotene Süßigkeit erschien ihm fremdartig und grausam; als eine Beleidigung, die vielleicht denjenigen befriedigte, der sie verursachte, aber für die Empfangene schmerzlich sein mußte. War es wirklich wahr, daß man das Geld der Frau direkt geben mußte? (...) Und war die von Tortima genannte Summe nicht im Grunde zu geringfügig? (...) Er glaubte, der genannte Eintrittspreis würde die seit langem in seiner Terrakotta-Sparbüchse gesammelte Summe nicht übersteigen. So plante er, das Geld herauszunehmen und zu warten, bis die Mutter fortgehen würde, um dann selber aus dem Haus zu gehen.«[9]
Agostino kehrt also nach Hause zurück, wo er die Mutter und neben ihr, auf demselben Hocker, ihren Liebhaber vor dem Klavier antrifft. Agostino beobachtet beide von weitem, bis die Mutter seinen Blick spürt, ihn zu sich ruft und umarmt.

»In der Bewegung, mit der sie ihn an sich preßte, glaubte Agostino eine stürmische Kraft zu spüren, eine zitternde Freude, die ihn fast erschreckte...«[10]
Daraufhin schickt ihn die Mutter nach oben. Während er sich entfernt, hört er sie wieder zu zweit Klavier spielen, und es durchfährt ihn der Gedanke, auf der Straße könnten die Vorübergehenden »sich über die Schamlosigkeit wundern, die aus jedem der Tö-

ne sprechen mußte.«[11] Plötzlich wird das Spiel unterbrochen; Agostino nähert sich von neuem der Tür zum Wohnzimmer, um zu sehen, was er schon erwartet hatte: »Der junge Mann hatte sich erhoben und küßte den Mund der Frau.«[12] Als Agostino, kaum hatten sich die beiden voneinander gelöst, endlich »Mama« sagt, antwortet die Frau, zu ihm gewandt: »Was willst du, Agostino?«[13] Und:

> *»Stärker als vorhin brannten ihre Augen, der Mund war halbgeöffnet und die Haare durcheinander gewühlt; eine Locke, geschmeidig und gewunden wie eine Schlange, hatte sich gelöst und ringelte sich über die gerötete Wange.«[14]*

Im selben Roman, auf Seite 58, hattest Du bereits die Achselhöhlen der Mutter mit zwei gähnend geöffneten Schlangenrachen verglichen: »und schwarzen, dünnen Zünglein gleich breiteten sich die langen, weichen Haare darin aus.« Hier nun wurde Agostinos Herz

> *»plötzlich schwer unter einer Mischung von Mitleid und Widerwillen. ›Nimm dich doch zusammen‹ hätte er am liebsten seine Mutter angeschrien ... Statt dessen, hastig, das Kindliche und Eilfertige in seiner Stimme absichtlich übertreibend, fragte er: ›Mama, darf ich mein Sparschwein zerbrechen?‹«[15]*

Die Mutter gibt ihm die Erlaubnis, und Agostino läuft hinauf in sein Zimmer. Er zerbricht das Sparschwein und zählt

> *»auf den Boden gekauert ... in Eile das Geld. Seine Finger zitterten, und selbst beim Zählen drängte sich ihm — wie vermischt mit dem auf dem Fußboden verstreuten Geld — das Bild der zwei im Wohnzimmer auf, die Mutter rückwärts gelehnt auf dem Hocker und der Fremde über sie gebeugt.«[16]*

Nachdem er das Geld gezählt hat, stellt er fest, daß es für ihn und für Tortima nicht reicht. Er kehrt zurück zur Mutter, die ihn nun am Abendbrottisch erwartet, und er bittet sie um zwanzig Lire, um »ein Buch zu kaufen«. Die Mutter gibt ihm das Geld, und noch einmal fühlt sich Agostino betäubt von ihrer Schönheit:

> *»Während er ihren Hals mit den Lippen streifte, fragte er sich unwillkürlich, ob die Frauen dort in jenem Haus wohl auch so schön und wohlriechend seien.«[17]*

Agostino geht zusammen mit Tortima zum Freudenhaus, doch er

*wird von der Besitzerin wieder fortgeschickt, weil er noch zu klein
ist. Er versteckt sich nun in der Nähe eines geöffneten Fensters,
und von dort gelingt es ihm, eine Frau zu beobachten,*
>»*mit einem weiten Gewand aus azurblauem Voile..., das
Agostino an die Nachthemden der Mutter erinnerte.*«[18]

Seltsam, ich habe *Agostino* nie wieder gelesen, offensichtlich hast
Du recht: das Geld hatte ich vergessen. Doch was mich selbst betrifft, so ist Agostino keine autobiographische Figur. Agostino
verhält sich in dieser Weise, weil es die Romanfigur im Zusammenhang mit diesen ganz bestimmten Freunden und diesem Typ
Mutter so verlangt. Ich war anders, und auch mein Verhältnis zu
meiner Mutter war ein anderes. Selbstverständlich wußte ich in
Agostinos Alter auch noch nicht, was ein Freudenhaus ist.

*Kehren wir zurück zur Schule. Du bist nur anderthalb Jahre lang
zur Schule gegangen, so hast Du erzählt. Einmal hast Du mir,
oder vielleicht war es auch Deine Mutter, eine Photographie geschenkt, die Dich mit all Deinen Klassenkameraden zeigt, Jungen
und Mädchen zusammen. Du selbst bist auf diesem Photo im Matrosenanzug und etwa sieben Jahre alt; die Matrosenmütze, die
Du auf dem Kopf trägst, gehörte offenbar zu dem schon erwähnten Anzug, den Deine Mutter von den Galeries Lafayette für Dich
kommen ließ. Während Deine Klassenkameraden schon ein wenig
erwachsener aussehen, wirkst Du noch wie ein kleiner Junge, mit
einem verdrießlichen Gesicht, das aber fast schon wieder zum Lachen aufgelegt ist. Die anderen, besonders die kleinen Mädchen,
machen mit ihren langen Kleidern, den breitkrempigen Hüten
und den Halsketten den Eindruck traurig dreinblickender, un-
scheinbarer Frauen, die zu schnell groß geworden sind. Welche
Erinnerungen hast Du an Deine Schulkameraden?*

Ich hatte so gut wie keinen Umgang mit ihnen. Für mich waren
sie genauso, wie sie auf dem Photo erscheinen: jämmerliche
kleine Gestalten. Entweder waren es Kinder reicher Eltern, die in
ihrer Eitelkeit und Flegelhaftigkeit alle Unarten der Reichen an
sich hatten und deren Überlegenheitskomplexe zur Schau trugen,
oder Kinder armer Leute, dann wirkten sie gedemütigt und be-

drückt. In der vierten Klasse der Grundstufe – ich weiß nicht mehr, wie es dazu kam und warum, vielleicht wollte ich mir nur ein Schulbuch leihen – ließ ich mich von der Gouvernante in die Wohnung eines dieser Jungen armer Leute begleiten; von dem schrecklichen Elend ihrer Behausung war ich zutiefst getroffen.

Was verstehst Du unter Elend, war es allein die Armut oder auch das Fehlen fast jeder Kultur, die geistige Enge?

Es kam wohl beides zusammen: Schadhafte, abblätternde Möbel, abgetretene Teppiche, häßliche Bilder, der stehende Geruch von Suppe . . . Du kannst Dir gar nicht vorstellen, wie es damals in Italien aussah, einem Land mit wenigen Reichen und unzähligen Armen.

Auf den erwähnten Photographien sind auch Deine beiden Cousinen zu sehen? Wie hießen sie?

Anna und Laura Capon. Laura heiratete später Enrico Fermi, Anna wurde wahnsinnig.

Und Euer Schullehrer, der ein wenig wie Pirandello aussah, mit seinem bis zum Hals geknöpften Jackett, dem steifen Stehkragen, der schmalen, dunkelfarbigen Krawatte, dem grauen Spitzbart, seinem Schnurrbart und dem Hut: Kannst Du Dich noch an ihn erinnern?

Er hieß Tambroni, und wir waren damals in der ersten Klasse der Gymnasialstufe. Er gehörte zu den Verehrern von Gabriele D'Annunzio und ließ mich *La beffa di Buccari* auswendig lernen. Auch er trug gestärkte Manschetten, wie mein Vater. Eines Tages wies er mich aus dem Klassenraum, weil ich mit dem Federmesser Kerben in meine Sitzbank geritzt hatte. Er befahl mir: »Geh sofort hinaus!«, und während seiner hitzigen Geste löste sich die Manschette von seinem Handgelenk und landete auf meiner Nase – alles lachte.

Weißt Du, was aus Deinen Klassenkameraden geworden ist, zumindest aus denen, die auf dem Photo zu sehen sind? Hast Du einen von ihnen wiedergesehen?

Es waren Adlige unter ihnen und Kinder proletarischer Herkunft, unsere Klasse war sehr heterogen zusammengesetzt. Der Klassenprimus hieß Diez; er war ein hervorragender Läufer. Er hatte kurze, aber unglaublich schnelle Beine. Auf dem Hof der Tasso-Schule trugen wir oft Staffettenläufe aus, und dabei gewann er regelmäßig.

War die Schulzeit eine glückliche Zeit in Deinem Leben?

Ganz und gar nicht; außerdem erinnere ich mich nur noch schwach an das eine Schuljahr. Ich weiß aber ganz genau, wie sehr ich die Schule haßte: Es fiel mir schwer, dem Unterricht zu folgen, denn ich war in jeder Hinsicht eigenwillig und undiszipliniert, gänzlich unfähig, die Schulregeln zu befolgen und mich irgendeiner Disziplin unterzuordnen. Ich erinnere mich, wie ich mich im Korridor mit einem Mädchen aus der dritten Klasse traf, die riesengroß und die Tochter eines Generals war. Dieses Mädchen mochte mich irgendwie gern, und manchmal drückte sie mir im Vorbeilaufen wortlos ein paar zusammengerollte Lirescheine in die Hand und verschwand wieder.

Und Du?

Ich kaufte mir Süßigkeiten davon.

Wollte sie denn nichts dafür?

Nein, gar nichts. Noch etwas fällt mir aus dieser Zeit ein: Eines Tages wurde ich von einer Gruppe Jungen in der Nähe der Schule angehalten; sie setzten mir ein Messer an den Hals und verlangten Geld.

Deins oder das Geld von dem Mädchen?

Das Geld von dem Mädchen; offensichtlich hatten sie beobachtet, wie ich es von ihr bekommen hatte, oder vielleicht hatte es ihnen auch jemand erzählt. Ein anderes sonderbares Erlebnis hatte ich gegenüber vom Tasso-Gymnasium, wo sich die Gewerbeschule befand. Hier traf ich einen der Jungen wieder, die ich in Viareggio kennengelernt hatte.

Habt Ihr Euch begrüßt und miteinander gesprochen?

Wir haben uns nur gegrüßt.

Hast Du Dich gefreut, ihn in Rom wiederzusehen?

Ich verspürte weder Freude noch Bedauern, wir grüßten uns, basta. Aber der Zufall war es, der mich sehr beeindruckte. Ich hatte allerdings ein unbehagliches Gefühl, wie jemand, der nach einer ausschweifenden Nacht am nächsten Tag unter normalen Bedingungen die Gefährten jener Nacht wiedertrifft.

Hast Du Dich denn der Dinge, die Du mit den anderen Jungen getrieben hast, geschämt?

Ich hatte das Gefühl, nicht ich, sondern ein anderer wäre es damals gewesen. Im übrigen taten wir das, was alle kleinen Jungen tun, die mit harmlos-trotzigen Aktionen sich in ihrer Persönlichkeit zu behaupten suchen und gegen die Welt der Großen angehen. So stahlen wir von den Feldern Obst, zerstachen mit Messern den Bühnenvorhang des Freilichttheaters Politeama, das, glaube ich, Enrico Pea gehörte, füllten Flaschen mit Karbid und spuckten hinein, um uns dann an der Explosion zu ergötzen.

Du sprachst eben von einem Unbehagen, als Du den Jungen wiedersahst.

Ja, meine ganze Jugend war wie von einem ständigen, mir unerklärlichen Gefühl des Unbehagens überschattet, das bis zu dem Tag anhielt, an dem ich zu schreiben begann.

*Wie sah Rom in den Jahren 1914 bis 1916 aus, als Du dort zur
Schule gingst und noch nicht krank warst?*

Die Stadt war voller Droschken, und überall roch es nach Pfer-
den, nach Pferdeurin und Mist. Ich weiß noch, wenn wir mit dem
Zug aus den Ferien zurückkamen — immer war es nachts, warum
weiß ich nicht — flößte mir das Klappern der Pferdehufe auf dem
römischen Pflaster, während die Droschke heimwärts rollte, ein
Gefühl des Wohlbehagens ein. Einmal, so erinnere ich mich, kamen wir wie gewöhnlich nachts an, und es standen keine Droschken vor dem Bahnhof bereit. Endlich fuhr eine allerdings schon
sehr klapprige Kutsche vor, und wir begannen, unser Gepäck auf-
zuladen. Ich stand daneben, besah mir die ganze Fuhre, die aus
dem Gepäck und uns fünf Personen bestand, und war fest davon
überzeugt, es würde nicht alles hineinpassen, Doch es ging, nachdem der Kutscher neben sich noch einen Stapel Gepäck aufge-
türmt hatte, den er mit seinem Arm während der Fahrt festhielt;
und wir fuhren los.

*Welche Gegenden Roms, außer Eurem Wohnviertel, hast Du als
Kind genauer kennengelernt?*

Rom habe ich erst nach meinem siebzehnten Lebensjahr richtig
kennengelernt. Davor nahm mich ja niemand irgendwohin mit,
und als ich krank wurde, kam ich nicht mehr aus dem Haus. Erst
viel später, als ich wieder richtig gesund war und laufen konnte,
habe ich mich endlich, so wie ich wollte, in der Stadt bewegt. Als
Kind nahm mich ab und an die Gouvernante zu einer Freundin
mit, die ein Spielzeuggeschäft gleich hinter der Kirche Santa Maria Maggiore hatte.

*Kannst Du Dich noch an Einzelheiten in diesem Laden erinnern?
Und welchen Eindruck machte Santa Maria Maggiore auf Dich,
als Du sie zum ersten Mal sahst?*

Die Kirche machte gar keinen Eindruck auf mich, ganz im Gegensatz zu den französischen Bleisoldaten mit ihren roten Ho-

sen, die mir die Ladeninhaberin für die Dauer unseres Besuchs zum Spielen gab. Außerdem ging ich manchmal zusammen mit den Gouvernanten oder mit Großvater in die Villa Borghese. Das war aber auch schon alles: In der Regel blieben Kinder damals im Haus oder im Garten.

Es gab ja auch schöne Gärten. Du hast Dich viel im Garten aufgehalten, nicht wahr?

Das stimmt, und immer las ich dort. Als Kind war ich ein richtiger Einzelgänger. Ich hatte zwar ein starkes Bedürfnis, in Gesellschaft anderer zu sein, blieb aber schließlich doch immer allein, wohl wegen meiner spröden Art.

Wo hielten sich denn Deine Schwestern und Dein Bruder Gastone auf? Er war ja nur sieben Jahre jünger als Du.

Als mein Bruder auf die Welt kam, fühlte ich mich bereits erwachsen. Als er fünf war, war ich zwölf — in dem Alter ist das ein großer Unterschied, darum hatte ich keinen Umgang mit ihm. Auch mit meinen Schwestern hatte ich kaum Gelegenheit, zusammen zu sein. Wir besuchten verschiedene Schulen, später wurde ich krank und war dadurch gezwungen, viel allein zu sein.

Es ist aber doch merkwürdig: Du hast »ein starkes Bedürfnis, in Gesellschaft anderer zu sein« gespürt, und trotzdem hast Du Dir diese Gesellschaft nicht selber gesucht.

Mit Gleichaltrigen erging es mir damals so wie später mit Frauen: Ich wäre gerne mit ihnen zusammen gewesen, aber ich suchte nicht ihre Nähe. Ja, manchmal bot sich die Möglichkeit, Freundschaften zu schließen, doch ich bin dann richtig davongelaufen.

Erkennst Du darin nicht eine gewisse Ähnlichkeit mit dem spröde-zurückhaltenden Charakter Deines Vaters?

Nein, mein Vater war unfähig sich mitzuteilen, während ich dazu durchaus in der Lage war, es mir aber selbst verbot.

Der achtjährige Alberto mit Gastone, Adriana und Elena

Von Deiner Schwester Adriana weiß ich, daß sie Dich sehr lieb hatte, sie suchte Deine Nähe, und manchmal habt ihr auch zusammen gespielt. Du aber sprichst von ihr wie von einem fremden Menschen.

Es ist durchaus möglich, daß sie mich gesucht hat, während ich mich entzog. Ich war eben sehr verschlossen, introvertiert und schüchtern; ich vertraute mich niemandem an, sondern blieb schweigsam. Ich sprach nicht, auch weil ich mich nicht auszudrücken vermochte. Als Jugendlicher konnte ich nur stoßweise und verkrampft sprechen.

Wie meinst Du das genau?

Entweder schwieg ich, oder wenn ich mal zum Reden ansetzte, wirkte ich unbeholfen, geriet ins Stocken, wollte unbedingt witzig sein und sagte lauter Blödsinn — so ähnlich wie Mozart in dem Film *Amadeus*. Erst sehr viel später habe ich gelernt, mich richtig zu benehmen. Vielleicht kann ich es bis heute noch nicht.

Wie habt Ihr zu Hause die Feiertage begangen, zum Beispiel, Weihnachten oder Sylvester; wurde die Verwandtschaft zu Euch eingeladen?

Zu Weihnachten schmückte meine Mutter den Baum, und ich mußte eine Fabel in Versen von La Fontaine auswendig lernen. Außerdem war es üblich, daß ich meinen Eltern einen Brief schrieb, auf goldumrandetem und mit Schnörkeln verziertem Briefpapier.

Was stand in diesem Brief?

Das Übliche: »Meine lieben Eltern, ich verspreche Euch, daß ich von heute an immer ein guter Junge sein will, die Schularbeiten machen werde usw.« So war es damals Brauch in den Familien.

Was taten Deine Schwestern bei diesen Anlässen?

Dasselbe.

Sie schrieben also ebenfalls einen Brief?

Ja, sicher, jeder schrieb seinen Brief. Am Weihnachtsbaum hingen die Geschenke, und später, zum Dreikönigsfest, lagen die mit Süßigkeiten vollgestopften Strümpfe der Befana-Hexe unter dem Baum.

Nach den Erzählungen Deiner Schwester Adriana hast Du oft mit geballten Fäusten Deinen Bruder herausgefordert. Kannst Du Dich noch an diese Situationen erinnern oder an andere Spiele, die ihr zwei Brüder als Kinder zusammen gespielt habt? Hast Du ihn beschützt und ihm manchmal neugierig zugeschaut?

Ich kann mich an nichts mehr erinnern, denn um Gastone habe ich mich nie ernsthaft gekümmert. Ich weiß nur noch, daß er seine ersten Gehversuche in Olévano Romano machte, auf der Terrasse des gemieteten Hauses; als er ein paar Laufschritte tat, war meine Mutter überglücklich.

Hattest Du zärtliche Gefühle für ihn?

Ich empfand gar nichts, sondern lebte in meiner eigenen Traumwelt. Von allen Familienangehörigen stand mir Adriana am nächsten, und sie liebte ich auch am meisten.

Hattet Ihr untereinander eine Art Familiensprache — bestimmte Schlüsselworte, Sprachgewohnheiten, Redewendungen — die für die Familie Pincherle Moravia typisch waren?

Nein.

Wurde bei Euch nur Italienisch gesprochen oder kamen auch mundartliche Wendungen vor?

Mein Vater sprach häufig Venezianisch, während meine Mutter, die aus einfachen Verhältnissen stammte, ein Umgangsitalienisch ohne mundartlichen Anklang sprach, also jene Sprache der Biederkeit, wie sie für die italienische Kleinbourgeoisie in der damaligen Zeit typisch war. Sie las aber oft französische Bücher, so daß Französisch zu ihrer zweiten Sprache wurde.

Hast Du als Kind Deinen Vater nachgeahmt und wie er Venezianisch gesprochen?

Nein, ich sprach hauptsächlich Italienisch, aber auch Französisch. Meine ersten Gedichte habe ich in französisch geschrieben. Ich habe diese Sprache fließend beherrscht und spreche sie heute auch noch so.

Woher kam eigentlich dieser Frankreich-Mythos bei Euch? War er eine Zeitströmung wie bei allen Italienern guter Herkunft, oder waren es eher persönliche, private Gründe Deiner Mutter, Euch Kindern das Französische fast noch vor dem Italienischen beizubringen?

Es handelte sich um eine Tradition, die bis in die Zeit der Aufklärung zurückreicht und noch durch die Französische Revolution und Napoleon verstärkt wurde. Dieser Tradition nach gehörten die französische Sprache und Kultur untrennbar zum italienischen Lebensgefühl. In den gebildeten Kreisen las man daher Voltaire, Rousseau, die Moralisten des goldenen Zeitalters, die Vertreter der Aufklärung und Revolution, die Romantiker und schließlich die Vertreter der Décadence. Man bewunderte aber auch die deutsche Tüchtigkeit. Meine Mutter pflegte zu sagen, daß die Deutschen vieles besser machten als wir. Uns Kindern wurde daher auch Deutsch beigebracht.

England zählte demnach nicht, soweit es um seine Kultur und Sprache ging?

Englands Bedeutung sah man vor allem in seinen Kolonien, während die englische Kultur erst mit dem Aufkommen der amerikanischen Vormachtstellung ernst genommen wurde. Stell Dir vor, mein Onkel De Marsanich sagte noch 1935 während der gegen Italien verhängten Sanktionen: »Was hat England eigentlich genau genommen hervorgebracht? Doch nur Bernard Shaw und Shakespeare!«

Venezianisch hast Du also nicht gesprochen, aber gelesen, denn Goldoni kanntest Du gut. Kann es sein, daß diese frühzeitige Kenntnis der venezianischen Sprache Dich als Schriftsteller beeinflußt hat?

Sie hat wohl weniger meinen Umgang mit der italienischen Sprache beeinflußt, durchaus aber meine Art zu schreiben.

Wie meinst Du das genau?

Die venezianische Sprache hat mir den Sinn für das Theater offenbart, für den Rhythmus, der in einem Theaterstück steckt. Meine Romane haben immer einen klaren szenischen Aufbau. Zuallererst: die Einheit von Zeit und Ort, sodann: wenige handelnde Personen. Im Grunde sind es als Romane verkleidete Dramen.

Und warum hast Du dann nicht gleich Dramen anstelle Deiner Romane geschrieben?

Ich hatte gleichzeitig eine starke Neigung zum ausführlichen Erzählen und zur realistischen Darstellung. Das Theater basiert aber auf einer abstrakten Konvention, derzufolge alles auf der Bühne und innerhalb einer kurzen Zeitspanne zu geschehen hat. Es wird, mit anderen Worten, nicht erzählt, sondern dargestellt. Einzig auf den Dialog kommt es in einem Drama an, und der ist reine Abstraktion. Ich hingegen suchte für mich eine komplexere und vielseitigere Schreibweise, die zugleich genügend Raum auch für das Moment der Beschreibung, für die Gegenstände, die Natur und die einzelnen Dinge ließ.

Laß uns zu den Sprachgewohnheiten in Eurer Familie zurückkeh-

*ren. Es wurde also Italienisch ohne jede mundartliche Färbung ge-
sprochen, nur Dein Vater sprach einen richtigen Dialekt; und
wenn Ihr Euch gebildet ausdrücken wolltet, spracht Ihr Französisch. Konnte Dein Vater auch so gut Französisch?*

Mein Vater sprach nicht Dialekt, sondern Italienisch, nur manchmal gebrauchte er mundartliche Ausdrücke und Wendungen.
Aber wenn Tante Amelia kam, sprachen beide nur noch Dialekt.

Welche Dialektausdrücke gebrauchte er denn?

Er nannte zum Beispiel unnütze Gegenstände »stregozzi« (He-
xenkram) oder benutzte manchmal Sprichworte wie »Peggio el
tacon del buso« (Besser ein Flicken als ein Loch) und so fort.

*Gebrauchte Deine Mutter Sprichworte und Wendungen, die aus
den Marken stammten?*

Meine Mutter hatte stets ein Sprichwort parat, aber sie sprach nur
Hochitalienisch.

Kannst Du Dich noch an das eine oder andere erinnern?

Nein.

*Du hast eben gesagt, daß Du Gedichte in französisch geschrieben
hast. Was für Gedichte waren das?*

Symbolistische Gedichte, die mir sogar ganz gut gelungen waren
– ich habe sie vor einiger Zeit wiedergefunden; aber sie waren
nicht besonders originell. In diesem Zusammenhang ist mir auch
wieder ein Junge namens Lampugnani in den Sinn gekommen,
den ich während einer Bahnfahrt kennenlernte. Er bot mir an:
»Wenn Du mir Deine Gedichte schickst, tippe ich sie ab und
schicke sie Dir wieder zurück.«

Hast Du sie ihm daraufhin geschickt?

Ja, und er tippte sie tatsächlich ab und schickte sie mir zurück. Danach hörte ich nie wieder etwas von ihm.

Fandest Du seine Gefälligkeit nicht ein wenig seltsam, denn er kannte Dich doch überhaupt nicht? Was mag den Jungen so an Dir interessiert haben, was meinst Du?

Es war eben eine Freundschaft von der Dauer einer Bahnfahrt. Ein anderes Mal befreundete ich mich mit einem Kind, das später Schauspieler wurde.

Wieder im Zug?

Ja. Er hieß Pagliero und war auf dem Weg nach Ligurien. Ich war wohl acht oder neun. Später sah ich ihn wieder in dem Film *Roma città aperta (Rom, offene Stadt)*, in dem er als einer der Hauptdarsteller spielte, daran kann ich mich noch genau erinnern. Bald darauf starb er. Wir hatten uns damals wiedergetroffen, und er erinnerte sich auch an jene Reise aus der Kinderzeit.

Freundschaften zu schließen, fiel Dir also nicht gerade schwer, doch mir scheint, Du hast diese Fähigkeit nicht richtig genutzt. Woran hat das Deiner Meinung nach gelegen? An der Angst vor möglichen Enttäuschungen, oder hattest Du einfach eine Vorliebe für die Einsamkeit?

Aber ich hatte doch einige Freunde, so zum Beispiel an der Crandon.

Crandon, was war das?

Das war die Schule, in der ich die vierte Klasse besucht habe und wo ich sitzenblieb.

Du mußt mir doch noch einmal genau die Schulen und Klassen aufzählen, die Du besucht hast.

Die Grundschule habe ich zu Hause gemacht, bis auf die vierte Klasse an der Crandon-Schule. Während der Sommerferien legte ich die Wiederholungsprüfung für die vierte Klasse in Olévano Romano ab. Danach besuchte ich die erste Klasse am Tasso-Gymnasium, aber nicht ganz bis zum Ende, weil ich krank wurde. Die zweite, dritte, vierte und fünfte Klasse der Gymnasialstufe machte ich zu Hause, teils im Liegen, teils konnte ich aufstehen. Zur Abschlußprüfung der gymnasialen Mittelstufe trug mich der Pedell auf dem Arm in die Schule. Dort konnte ich mit meinem Geschichtswissen ordentlich prunken, da ich mich in diesem Fach gut auskannte und Geschichte mir Spaß machte. Dann war ich eine Zeit lang am Tasso-Gymnasium in der ersten Klasse der Lyzealoberstufe, bis ich schwer krank wurde und ins Sanatorium kam. Das ist nun wirklich alles.

Kehren wir nocheinmal zu den Freunden zurück, die Du an der Crandon-Schule hattest.

Also, ein Freund hieß Resio. Wir kämpften oft miteinander; er behauptete von sich, Monarchist zu sein, ich dagegen war Republikaner. Ich war damals acht. Einmal landeten wir bei unserem Kampf sogar auf dem Bürgersteig.

Was waren das für Kämpfe?

Zuerst umfaßten wir uns und dann versuchte jeder, dem anderen ein Bein zu stellen; Sieger war der, dem es gelang, den anderen zuerst auf den Boden zu werfen. Er war jedesmal der Stärkere und besiegte mich immer. An der Crandon-Schule gab es ein älteres Fräulein mit Namen Cutica; sie war klein, nur einen Meter zwanzig. Eines Tages öffnete sich die Tür und die Cutica kam mit den Worten herein: »Kinder, Cecco Beppe ist gestorben!« Und alle klatschten in die Hände. Ich weiß noch, wie mir unwillkürlich der Gedanke kam: warum applaudieren, wenn jemand gestorben ist? Selbst wenn er noch so ein Schurke war, jetzt ist er tot.

Hattest Du außer Resio noch mehr Freunde in der Schule?

Nein.

Du sagtest, Deine Lieblingsfächer waren Geschichte und Geographie. Lerntest Du das Pensum nur aus den Schulbüchern oder hast Du auch andere Quellen benutzt?

Ich las und lernte aus allen Büchern, die ich bekommen konnte. Ich verbrachte ganze Tage damit, mir Atlanten anzusehen. Auch das Briefmarkensammeln war eine Möglichkeit der Annäherung an die Geographie. Die in Rosa, Gelb und Grün gedruckten Länder auf den Landkarten brachten mich immer wieder zum Träumen.

Was bedeutete die Geographie für Dich? Löste sie hauptsächlich Reiselust aus oder befriedigte sie Deine politische und anthropologische Neugierde?

Geographie war für mich Reiselust im Sinne von Baudelaire: »Pour l'enfant amoureux des cartes et des estampes, l'univers est égal à son vaste appetit.« (Für das in Landkarten und Drucke verliebte Kind ist das Universum dem eigenen unersättlichen Appetit ebenbürtig). »Ah, que le monde est grand à la clarté des lampes! Aux yeux des souvenirs que le monde est petit!« (Ah, wie groß ist die Welt im Licht der Lampen! Und wie klein ist sie vor den Augen der Erinnerung!) Geographie war für mich der Traum unendlicher Reisen.

Den Du Dir später mit Deinen vielen Reisen verwirklicht hast. Hat sich Dir dabei Deine ursprüngliche Lust an Reisen, von denen Du über Landkarten gebeugt geträumt hast, bis heute bewahrt, oder hat sich etwas daran verändert?

Reisen hat für mich die alte Faszination beibehalten. Sobald ich auf Reisen gehe, egal wohin, fühle ich mich sofort wohler.

Und welche Bedeutung hatte für Dich als Kind die Beschäftigung mit der Geschichte? Was gefiel Dir so sehr an ihr?

Bis zu meinem achtzehnten Lebensjahr hielt diese starke Leidenschaft für Geschichte an; danach legte sie sich. Ich war fasziniert von der Vergangenheit, etwa so wie heute ein Junge von den Reizen eines Technicolor-Films hingerissen sein kann. Mich beeindruckten vor allem die historischen Kostüme und Schlachten. Ich kann mich noch erinnern, wie ich meine Hefte mit lauter Männchen, alle in Gewändern im Stil des sechzehnten Jahrhunderts, vollmalte. Aber sicher war dies keine Geschichtsauffassung im Sinne von Alessandro Manzoni.

Und wie erging es Dir mit Latein? Warst Du darin gut und konntest Du der Sprache etwas abgewinnen?

Ich mochte Latein auf eine sinnliche Weise, seiner Klangfülle und Feierlichkeit wegen. Abstraktionen dagegen, wie Geometrie und Mathematik, lagen mir nicht sonderlich.

Ist Crescimanno, Dein Hauslehrer in Latein, für Deine intellektuelle Entwicklung eigentlich von Bedeutung gewesen?

Crescimanno behauptete von sich, adelig zu sein, nämlich Fürst von Lampedusa. Aber wer weiß, ob das zutraf. Kaum war er ins Zimmer eingetreten, begann er auf und ab zu gehen, und sagte, die Hände in die Taschen vergraben, hastig Dinge, die ich aufschreiben sollte. Eines Tages fragte er mich: »Haben Sie die Notizen aufbewahrt? Wissen Sie, es ließe sich ein Buch daraus machen.« Er wirkte wie eine Person aus den Stücken von Pirandello. Er konnte sich über Sallust ausbreiten und über Cäsar, er geriet in Begeisterung und war nie langweilig, sondern hatte durchaus originelle Gedanken.

Welche Rolle spielten die Gouvernanten bei Deinem autodidaktischen Lernen?

Die Durand hat mir Französisch beigebracht, mehr nicht. Sie war nicht sehr gebildet.

112

Und die anderen?

Im allgemeinen war keine von unseren Gouvernanten richtig gebildet oder interessierte sich auch nur für Literatur. Es waren einfache Frauen mit einer bescheidenen Bildung.

Auch die polnische Gouvernante?

Sie auch. Ich fühlte mich zwar zu ihr hingezogen, aber nur für eine ganz kurze Zeit während meiner Genesung.

Wieder und immer wieder: Die Frauen, die in Deinen ersten Büchern Jungen in die Liebe einführen, sind reife Frauen und ähneln in vielerlei Hinsicht Deiner Mutter – ich sehe da eine Konstante.

Aus einem ganz einfachen Grund: Da ich noch sehr jung war, mußte ich meine ersten Liebeserfahrungen zwangsläufig mit Frauen machen, die sehr viel älter waren als ich. Es ist mir bekannt, daß es heute anders ist, aber damals war es für einen Dreizehnjährigen ausgesprochen schwierig, wenn nicht überhaupt unmöglich, mit einer Gleichaltrigen die Liebe zu erleben.

Im Roman Der Ungehorsam *bezeichnet Luca den erwachsenen Frauenkörper als »ein grenzenloses Fleisch von köstlichem Saft«. Und er fährt fort:*
> *»Er hatte das bestimmte Gefühl, als nähme sie ihn bei der Hand und führe ihn in eine Höhle, an die Stätte eines Zauberkults, und er ließ sich ehrfurchtsvoll geleiten.«[19]*
Auch in Deinem neuen Roman Der Zuschauer *kehrt das Thema des weiblichen Geschlechts wieder, gesehen als eine archaische Göttin, bedrohlich und anziehend zugleich. Ungefähr so, wie Du es schon einmal in* Der Ungehorsam *ausgedrückt hast:*
> *»Im Augenblick der Umarmung hatte ihn der Wunsch überwältigt, sich zur Gänze in den Bauch der Frau zu verkriechen, im warmen, fruchtbaren Dunkel tierhaft zusammenzukauern, wie einstmals vor seiner Geburt.«*
Und Du schließt mit den Worten, das Leben selbst sei »eine

warmfeuchte, dunkle Höhle einhüllenden mütterlich-liebevollen Fleischs...«[20] Aber die dunkle Höhle ist auch der Tod, dem sich hinzugeben Luca Angst einflößte. Und erst in dem Augenblick, als er beschließt, unter Aufbietung allen Mutes, sich fallen zu lassen, kehrt er lebend zurück, gleichsam neugeboren. Der Körper der Mutter als ein wiederkehrendes Thema: als Versuchung und angsterregende Abscheu. Willst Du wirklich sagen, daß dies alles reine Phantasiegebilde sind?

Ganz recht. Kraft meines natürlichen Talents neige ich dazu, allen labyrinthischen Mäandern der Sexualität nachzuspüren, selbst denen noch, die ich nicht durch persönliche Erlebnisse kennengelernt habe.

Sprechen wir nun von Deiner Krankheit. Kannst Du Dich noch an die Anfänge erinnern?

Eines Tages bin ich zu einem Wohltätigkeitsbasar gegangen und erkältete mich dort, zu Hause bekam ich dann hohes Fieber, eine Lungenentzündung. Nach einiger Zeit konnte ich zwar wieder aufstehen und mein normales Leben fortsetzen, aber ich fühlte mich nicht recht wohl. Ich hatte immer wieder Schmerzen in der Hüftgegend, und manchmal stürzte ich auch, weil mich mein eines Bein nicht mehr trug und die Schmerzen am Oberschenkel zunahmen.

Was sagte der Arzt dazu?

Der Arzt, genauer die Ärzte im allgemeinen, sind ein dunkles Kapitel in dieser Geschichte. Sie wurden zwar von meinem Vater zu Rate gezogen, aber keiner begriff, daß es sich um eine Form von Tuberkulose handelte.

Und Du hast währenddessen Dein Leben zu Hause, zusammen mit Deinen Geschwistern, ganz normal fortgesetzt, war es so?

Ja, obwohl ich mich ziemlich behindert fühlte. Eines Tages war ich mit meinem Vater in der Via Po, als mich stechende Schmerzen befielen; meine Beine gaben nach, und ich stürzte. Mein Vater ließ mich auf einem Treppenabsatz liegen und beeilte sich, mich nach Hause transportieren zu lassen. Bei dieser Gelegenheit wurde ich geröntgt und zu einem bekannten orthopädischen Facharzt gebracht, der mir strenge Bettruhe verordnete, nachdem er einen Beckenschiefstand diagnostiziert hatte.

Wie behandelte er Dich, verordnete er Dir nur völlige Bettruhe?

Ja, ich mußte fest im Bett liegen bleiben. Er kannte wohl den Streckverband nicht, die einzige Heilungsmethode für so einen Fall. Eines Morgens kamen drei Krankenpfleger, die mir das Bein nach außen drehten und es in Gips legten. Ich konnte das Bein im Gipsverband nur unter schrecklichen Schmerzen bewegen und bekam hohes Fieber. Vielleicht versuchte der Arzt absichtlich, meinen Krankheitszustand in die Länge zu ziehen, um mehr Geld zu verdienen. Doch das weiß ich natürlich nicht. Er war ein altmodischer Mensch mit einem Spitzbart.

War denn Euer Hausarzt mit dem Facharzt einverstanden, was sagte er dazu?

Unser Hausarzt namens Moglie war ein rotgesichtiger alter Herr mit einer tiefen, vom ständigen Rauchen heiseren Stimme. Ich spüre noch sein kaltes Ohr auf meiner Brust, wie er mich abhört und mich dabei »dreiunddreißig« sagen läßt. Er war höchstens fünfzig, aber wirkte schon recht betagt. Er begriff noch weniger von meiner Krankheit als der Spezialist, vielleicht aber wagte er auch nicht, ihm zu widersprechen.

So war es Deine Rettung, als schließlich Tante Amelia eingriff.

Sie kam, sah mich mitleiderregend zugerichtet und sagte zu meinem Vater, er solle mich von dieser qualvollen Behandlung endlich befreien und in das Codivilla-Institut schicken. So geschah es denn auch. Ich wurde von einem Krankenwagen zu Hause abgeholt, zum Bahnhof Termini gebracht, wo man mich mitsamt dem Gipsverband durch das Abteilfenster in den Schlafwagen hievte. Ich fühlte mich bei diesem Unternehmen schrecklich unwohl. Mein Vater selber war der Situation in keiner Weise gewachsen, zeterte nur mit den Krankenpflegern und schrie herum, so daß es mir noch schlechter ging.

Begleitete er Dich bis nach Cortina?

Ja, wobei er nicht aufhörte, vor Ungeduld und Nervosität zu schnauben. Reisen bedeutete für ihn in der Tat nur eine lästige Unterbrechung seiner Alltagsgewohnheiten, und fernab von seiner täglichen Routine war er unduldsam und unerträglich, den veränderten Situationen hilflos ausgeliefert. Kurz, er war alles andere als der beschützende Vater.

Wie ging es weiter?

Nachdem wir in der Frühe in Calalzo angekommen waren, brachte mich ein Auto nach Cortina d'Ampezzo, man trug mich in den Operationssaal, der Gips wurde mir endlich abgenommen, und ich kam in einen Streckverband. Die Schmerzen hörten sofort auf. Hätte man das gleich zu Beginn meiner Krankheit gemacht, also drei Jahre früher, dann wäre ich sofort gesund geworden.

Wie lange bist Du anschließend im Sanatorium geblieben?

Im März 1924 wurde ich eingeliefert und im Oktober 1925 entlassen. Es waren also anderthalb Jahre, die ich fest im Bett zugebracht habe, an einem Bein den Streckverband mit acht Kilo Gewicht am Fuß und zwei Kilo am Knie. Von diesem Streckverband konnte ich mich auch nicht einen Augenblick lang selbst befreien, so daß ich beständig in der Angst lebte, durch einen Brand umzukommen, bei lebendigem Leib zu verbrennen.

Gab es für Deine Angst tatsächlich Gründe, ich meine möglicher-

Alberto Moravia 1924 im Sanatorium

weise Brände in unmittelbarer Nähe, leicht entflammbares Mate-
rial, das unweit lagerte, oder hattest Du eine tiefer liegende Pho-
bie vor Feuer?

Und ob es tatsächliche Gründe dafür gab: Die gesamte Balkon-
front des Sanatoriums, das ursprünglich ein Hotel gewesen war,
das ›Hôtel des Alpes‹, bestand aus Holz.

Hatte es in der Zeit, als Du dort warst, tatsächlich einmal ge-
brannt?

Ja, eines Nachts brannte es in einem Meierhof, genau gegenüber
vom Sanatorium. Alles lief dorthin und wollte sich das Feuer ansehen. Die Leute stürzten hastig die Holztreppen hinab, während ich glaubte, sie würden fliehen. Als ich das Trappeln auf den
Treppen hörte, dachte ich: gleich wird das Feuer angekommen
sein, und ich muß sterben, wie eine Drossel auf dem Rost.

Wie verlief das Leben im Sanatorium?

Im Codivilla unterschied man zwischen drei Klassen: Auf der Ersten Klasse lag man allein im Zimmer, auf der Zweiten war man
zu zweit und auf der Dritten teilte man sich das Zimmer mit
manchmal bis zu zehn Patienten.

Du lagst Erster Klasse, nicht wahr?

Ja, dafür mußte ich mehr bezahlen. Mein Vater wollte mir damit
etwas Gutes tun, aber es wäre besser gewesen, wenn er mich Drit-
ter Klasse hätte liegen lassen: Auf der Ersten war man muttersee-
lenallein. Am Anfang, als noch kein Einzelzimmer frei war, hatte
man mich vorübergehend mit einem anderen Patienten in ein
Zweibettzimmer gelegt.

Wer war dieser andere, habt Ihr Euch angefreundet?

Ein Handlungsreisender, ein schrecklich vulgärer Mensch, dessen Gegenwart mir mehr zu schaffen machte als jede Art von Einsamkeit.

Ist es der Brambilla, von dem du in Inverno di malato *sprichst?*

Ja, er ist es.

Und die Figur der Polly, des kranken Mädchens, in das Girolamo sich verliebt und zu dem er sich in seinem Bett auf Rädern bringen läßt — gab es sie auch im Sanatorium, oder ist sie eine Erfindung?

Polly hat es nie gegeben. Die Person, zu der mich der Krankenpfleger mit dem Bett brachte, war ein Mann aus Triest, mit dem ich mich angefreundet hatte. Ich habe also hier eine literarische Verkleidung vorgenommen.

»So offensichtlich war Brambillas Verachtung und so ungeniert sein kränkendes Verhalten, daß ihm schlagartig, überhaupt das erste Mal seit seinem Aufenthalt im Sanatorium, seine eigene Person und sein Handeln in ihrer ganzen schrecklichen Verunstaltung in scharfen Umrissen vor seine Augen traten ... Allein schon diese Krankheit als etwas Normales hingenommen und sich in diesem Zustand häuslich eingerichtet zu haben, erschien ihm als ein weiterer Beweis seiner unabänderlichen Abnormität ... Diese Betrachtungen überzeugten ihn nunmehr endgültig, unrettbar Schaden genommen zu haben ...«
Hast Du eigentlich dieses Gefühl eines nicht wieder gutzumachenden Schadens wirklich verspürt?

Nein, keinesfalls. Der Vertreter wollte von mir wissen, ob ich schon sexuelle Erfahrungen gehabt hätte, und ich flunkerte ihm etwas vor. Aber von Leiden konnte keine Rede sein.

In Inverno di Malato *wird das Hinnehmen von Vulgaritäten beschrieben, der zunehmende Verlust von Selbstachtung, entstanden durch die Absicht, sich freiwillig und wie scheinbar gleichmütig der verächtlichen Meinung, die der andere sich von einem ge-*

bildet hatte, anzupassen. Du schreibst, daß Girolamo sich aus freien Stücken erniedrigte, nur um nicht erniedrigt zu werden. Dieses Gefühl hat Dir ganz eindeutig der Aufenthalt im Sanatorium eingegeben. Welche Bedeutung hat es aber danach in Deinem weiteren Leben gehabt?

Gar keine Bedeutung. Das waren Betrachtungen, die ich nur auf dem Papier anstellte über die Möglichkeiten einer demütigenden menschlichen Beziehung. Aber es war alles frei erfunden.

In dem kurzen Roman Inverno di malato *beschreibst Du in allen Einzelheiten das Leben im Sanatorium. Von dem Brand ist dort die Rede, von der Visite des Professors, von Deinen Bekanntschaften mit anderen Kranken, von dem Vorfall mit dem heruntergestoßenen Tablett und auch von Einzelheiten wie dieser: Als man Euch auf die Terrasse zum Sonnenbaden brachte, nackt und unbedeckt, gab man Euch rauchgeschwärzte Brillen und »ein Tüchlein für den Bauch«. Hast Du das auch frei erfunden, oder war es tatsächlich so?*

Die Dinge und Sachverhalte stimmten so, aber die Personen und die Situationen waren frei erfunden.

Girolamo, so schreibst Du,
> *»verspürte für seinen Zimmernachbarn trotz der Geringschätzung, die dieser für ihn empfand, eine unabweisbare und so noch nie für eine andere Person empfundene Anziehung, aufgrund einer jener häufigen Berichtigungen des Verstandes durch das Gefühl.«*

Dieses Gegensatzpaar Abscheu – Anziehung kehrt hier noch einmal wieder, was auf eine wahre Besessenheit von diesem Thema schließen läßt. Hast Du jemals darüber nachgedacht?

Nein. Mit Picasso kann ich dazu nur sagen: »Ich denke nicht nach, ich finde.« Ich will damit sagen, daß dem Unbewußten in meinen Romanen große Bedeutung zukommt. Doch das Unbewußte ist – wie gesagt – unbewußt.

Wie lange hast Du Dir mit dem Handlungsreisenden das Zimmer teilen müssen?

Zwei Monate lang. Danach fand sich ein Einzelzimmer, und ich wurde verlegt. Dort litt ich unter der Einsamkeit und dachte voller Neid an die anderen in der Dritten Klasse, die zusammenbleiben und Karten spielen, singen, lachen und sich von einem Bett zum nächsten bewegen konnten.

Hast Du noch in Erinnerung, wie Dein Tagesablauf war, Stunde für Stunde?

Morgens in aller Frühe, kaum war die Sonne hinter dem Sorapis aufgegangen, trat die Schwester ein, zog mir die Bettdecke weg und brachte mich auf die Terrasse für das Sonnenbad. Damals meinte man, Tuberkulose auf diese Weise ausheilen zu können, was heute bestritten wird; aber zu der Zeit wandten die fortschrittlichsten Kliniken diese Methode an.

Sprichst Du von der Heliotherapie?

Ja, von der Sonnentherapie. Berühmt geworden sind im schweizerischen Leysin die Kliniken des Arztes Rollier mit den vielen Mädchen, die völlig nackt mitten im Winter ihre Sonnenbäder machen mußten.

Waren es nur Mädchen?

Nein, Jungen und Mädchen, und alle waren sie splitternackt. Als Stadt der Kliniken hatte Leysin sich einen Namen gemacht, jede einzelne trug einen anderen Blumennamen: ›Alpenveilchen‹, ›Märzveilchen‹, ›Rosen‹ usw.

Auf jeden Fall bist Du wieder gesund geworden. Ob die Sonnentherapie zu Deiner Heilung beigetragen hat?

Wenn ich geheilt wurde, so lag dies an der völligen Ruhestellung meines Beins durch den Streckverband. Die gänzliche Unbeweglichkeit hat dann eine Versteifung des Hüftgelenks bewirkt.

Kehren wir zu Deinem Tagesablauf im Sanatorium zurück. Wurdest Du noch vor dem Frühstück oder erst danach auf die Terrasse gebracht?

Erst danach.

Was bekamst Du zum Frühstück?

Kaffee, Brot und Butter.

Und dann brachte man Dich hinaus. Wie ging das vor sich, ich meine, wurdest Du getragen oder auf einem Bett mit Rädern hinausgeschoben?

Ich wurde in meinem eigenen Bett, das Räder hatte, hinausgeschoben.

Mitsamt dem Streckverband?

Ich höre noch heute, wie sich bei jeder Bewegung das Bleigewicht nach oben und unten mitbewegte und dabei die knarrende Rolle des Flaschenzugs rasselte so wie beim Wasserschöpfen am Brunnen, wenn der Eimer hochgezogen wird.

Was konntest Du von der Terrasse aus sehen?

Die schneebedeckten Berge rings um das Tal von Cortina . . . Unterhalb waren sie dicht mit Bäumen bewachsen, so daß dieser Anblick an einen dichten, dunkelgrünen Teppich erinnerte, während man weiter oben die bloßen, in ihrer rötlichen Färbung wunderschönen Felsen aus dem Schnee ragen und in der Sonne glänzen sah.

Mochtest Du diesen schönen, aber immer gleichen Ausblick auf diese Landschaft, oder sahst Du in ihr nicht eher die verhaßte Kulisse Deines Gefängnisses?

Die Landschaft gefiel mir gut, ich fand sie sehr schön, liebte sie aber nicht. Ich bin in der Tat später nie wieder in eine Schneelandschaft zurückgekehrt, bis auf die ersten Jahre, in denen ich mich noch auskurieren mußte.

Hast Du das Frühstück mit Appetit zu Dir genommen?

Nein, ich aß ausgesprochen lustlos.

Das Essen ist für Dich also nicht zu einem Moment sinnlichen Genusses geworden — wie für Castorp im Zauberberg *zu einem Augenblick, der dem regelmäßigen Tagesablauf einen Akzent gab?*

Das Essen im Sanatorium war so mittelmäßig, wie es in einer Familienpension hätte sein können, aber das störte mich nicht weiter. Eines Tages packte mich die Wut über mein ständiges Alleinsein, und ich warf das Tablett mit dem Tee, dem Geschirr und allem, was noch darauf stand, auf den Boden. Der Professor erklärte mich für schizoid, und von diesem Moment an begriff ich, daß ich allein bleiben mußte, weil mein Schicksal es so wollte. Eines Tages schrieb ich auf eine beschlagene Fensterscheibe: Allein mit der Sonne — eine Art Wahlspruch für mich.

Wie lange bliebst Du täglich auf der Terrasse?

Um elf Uhr war die Sonne schon so heiß, daß ich es nicht mehr aushielt, und ich wurde wieder hineingebracht.

Was machtest Du in Deinem Zimmer?

Von da an las ich. Ich war Abonnent der Viessieux-Bibliothek in Florenz, die mir die jeweils bestellten Bücher zuschickte. Meistens waren es Bücher auf französisch, vor allem Romane. Sie waren schlecht gebunden, oft schmierig und schon zerlesen.

Wann gab es das Mittagessen?

Vor dem Essen, noch im Laufe des Vormittags, war die Visite des Professors. Ich konnte seine Stimme schon von weitem hören. Er kam herein, sagte ein paar Worte und verschwand wieder. Ihm folgte eine Krankenschwester mit den klinischen Unterlagen.

Ein Ritual, das sich bis heute kaum verändert hat. Kannst Du Dich noch an den Professor erinnern?

An Vacchelli? Er war ein stattlicher Mann, hatte ein gerötetes Gesicht und stammte aus der Region Emilia. Gelegentlich kam auch Putti, ein damals sehr bekannter Orthopäde vom Rizzoli-Institut aus Bologna angereist. Er war ein gutaussehender Mann mit schlohweißen Haaren, den alle Welt verehrte. Er kam ins Sanatorium, nahm ein Bein ab und reiste wieder fort.

Zum Mittagessen, was wurde da gebracht?

Gegrilltes oder gekochtes Fleisch, auch Kotelett. Aber es schmeckte alles richtig fade, wie in einer schlechtgeführten Pension. Außerdem gab es gekochtes Gemüse, Pasta, Reis und Obst, aber, wie gesagt, das Essen schmeckte einfach nach Nichts.

Hast Du viel oder wenig gegessen?

Wenig, ich hatte keinen Appetit. Zu einem Problem wurde mir auch der Stuhlgang; das ständige Liegen erschwerte die Situation.

Nahmst Du Abführmittel?

Ja, regelmäßig.

Und wie verbrachtest Du die Nachmittage?

Ich las immerzu: Dostojewski, Dickens, Balzac, also im allgemeinen Schriftsteller des neunzehnten Jahrhunderts. Die Tage konnten endlos lang sein und hörten überhaupt nicht auf. Ich verbrachte die ganze Zeit völlig allein, immer nur allein, und las.

Hat sich diese Einsamkeit auch auf Deinen Charakter ausgewirkt?

Sie hat, meine ich, meinen Charakter geradezu verändert. Die Einsamkeit hat mir beigebracht, überhaupt nicht mehr zu Denken.

Wie bitte — es heißt doch, daß man durch das Alleinsein Denken lernt?

Das trifft nicht zu, man lernt vielmehr, nicht zu denken, ja, in einen Trancezustand zu verfallen. Eine düstere Erfahrung war diese Zeit für mich. Ich, der ich von Natur aus vergnügt bin und gern mit anderen Menschen zusammen, sowie mit Anteilnahme alles und jedes verfolge, verwilderte zusehends und wurde widerborstig. Ich war wie außer mir vor Einsamkeit. Im Winter war es besonders schlimm. Um vier Uhr wurde es bereits dunkel, so daß ich eine kleine Lampe auf dem Nachttisch anzünden mußte; dann las ich weiter bis tief in die Nacht hinein. Zur Abwechslung brachte man mich manchmal mit dem Bett in den Aufenthaltsraum hinunter. Es war ein dunkler, trostlos wirkender Riesensaal, wo man mich in die Nähe eines Bücherregals stellte, und dort verbrachte ich Stunden um Stunden damit, alte Nummern aus den Kriegsjahren der Wochenzeitung *La Domenica del Corriere* durchzublättern. Gelegentlich lernte ich auch ein wenig Latein.

Kam manchmal jemand und gab Dir Unterricht?

Ja, jeden zweiten Tag kam ein Schullehrer aus Cortina. Er stammte aus den Bergen, war kleingewachsen und untersetzt, eben ein armer Schullehrer.

Und was brachte er Dir bei?

Deutsch.

War er ein guter Lehrer?

Es ging, allerdings konnte er gut unterrichten, vor allem Grammatik.

Durftest Du manchmal mit anderen Kranken zusammensein?

Gelegentlich, so zum Beispiel bei Filmvorführungen.

Was zeigte man Euch?

Lauter Mist. Ich kann mich an nichts Genaues mehr erinnern; wahrscheinlich waren es lauter rührselige Filme. Es war schon ein seltsames Schauspiel, jetzt wo ich daran denke: Dieser Riesensaal im Halbdunkel mit all den Betten auf Rädern.

Wie im Theater, ein suggestiver Eindruck. Thomas Bernhard hat eine Komödie geschrieben, die in einem Rehabilitationszentrum spielt, in dem sich Menschen, in Rollstühlen sitzend, unterhalten und sich gegenseitig beschimpfen.

Von Thomas Bernhard habe ich drei Romane gelesen; er hat ein großes Talent für Schimpftiraden. Seine Theaterstücke kenne ich nicht.

Wer waren Deine Zimmernachbarn, bekamst Du sie manchmal zu Gesicht?

Rechts von meinem Zimmer lag ein junger Mann aus Friaul, der sich beim Gewichtheben die Wirbelsäule gebrochen hatte. Er lag auf einer Gummimatratze und konnte seine Exkremente nicht mehr halten, da er die Kontrolle über seine Blase und seinen Schließmuskel verloren hatte. Seine Mutter schlief bei ihm im Zimmer, und abends hörte ich sie miteinander sprechen. Wenn sie das Fenster öffneten, hielt ich mir ein mit Kölnischwasser ge-

Alberto Moravia und Patienten 1925 im Sanatorium

tränktes Taschentuch vor die Nase, um den Gestank, der aus ihrem Zimmer kam, nicht riechen zu müssen.

Hast Du mit ihm jemals gesprochen?

Nein, niemals. Ich habe nur manchmal seinen Kopf gesehen. Er sah mit seinem blonden, eingefallenen und schrecklich abgemagerten Kopf aus, als ob er Buchenwald entkommen sei. Er betrachtete die Landschaft in einem Spiegel, den man etwas außerhalb seiner Bettumrandung angebracht hatte. Er fixierte die Via d'Alemagna, die nach Brunico (Bruneck) führt. Er ist bald darauf gestorben. Seine Lähmung hatte sich schließlich bis zum Herzen ausgebreitet und war tödlich.

Und im Zimmer links von Dir, wer lag da?

Dort hielt sich jemand auf, den ich noch nicht einmal flüchtig gesehen habe. Auch er ist gestorben. Nach ihm kam dann ein Patient, mit dem ich mich angefreundet habe. Er stammte aus Triest und war ein gutaussehender junger Mann.

Wie alt war er?

Ungefähr zweiundzwanzig oder vierundzwanzig, ich war sechzehn und vollkommen fasziniert von ihm. Er hatte eine Ellenbogentuberkulose, die nie richtig ausheilte, obwohl man ihn aus dem Sanatorium entließ und er dann ein normales Leben führte. Ich habe ihn 1955 in Venedig wiedergesehen. Sein ganzes Leben lang hat er zeitweilig ein Sanatorium aufsuchen müssen. Er war genau der Typ, der Frauen gefiel, und ich wurde ungewollt Zeuge seiner Verführungskünste. Einmal war es eine Krankenschwester, ein andermal eine Besucherin und schließlich eine Patientin.

Warum fesselte er Dich so stark?

Zunächst einmal war er der einzige, mit dem ich sprechen konnte. Als der Professor begriffen hatte, daß ich vor Einsamkeit verrückt wurde, wies er die Krankenschwester an, mein Bett in das Nebenzimmer zu schieben, so daß ich etwas Gesellschaft hatte. Außerdem war mein Nachbar ein Mensch, der die Dinge leicht nahm und keine Probleme wälzte. Und einen schönen Körper hatte er, so schön wie der Heilige Sebastian. Die Frauen waren ganz verrückt nach ihm. Er trug am liebsten ein Monokel und lachte sich eins.

Worüber hast Du Dich mit ihm unterhalten?

Wir haben über Gott und die Welt geredet. Er erzählte mir von seinen Abenteuern, und ich hörte ihm zu. Er wurde für mich zum Mythos. Ich hielt ihn für einen großen Don Juan, dabei war er in Wirklichkeit nur ein junger Mann, der die Frauen mochte. Eine Zeitlang trug auch ich ein Monokel, um es ihm gleichzutun.

War er auch so allein wie Du?

Nein, er besaß eine ausgesprochen fürsorgliche Familie, die ihn oft besuchte und ihm lauter Süßigkeiten, Obst und Bücher mitbrachte.

Kamen Deine Verwandten denn niemals?

Sie kamen manchmal, aber ich kann mich nicht mehr daran erinnern; sicherlich ein Zeichen dafür, daß mir ihre Besuche keine Freude bereiteten; so habe ich wahrscheinlich meine Erinnerung daran verdrängt. Einmal, es war im August, kamen auch die Brüder Carlo und Nello Rosselli. Ich besitze noch ein Photo von Nello mit dem Faloria im Hintergrund.

Mit Deinem Triestiner Freund fühltest Du Dich also wohl. Habt Ihr nur über seine Liebschaften gesprochen oder konntet Ihr auch über anderes diskutieren, beispielsweise über Politik, über Bücher, die Du gerade gelesen hast, oder über Eure Zukunftspläne?

Er war ein eitler Mensch, ein Typ ganz von jener galanten

K.u.K.-Frivolität. Zuerst hatte er einen kranken Ellenbogen, dann einen kranken Rücken, und schließlich wurde ein Bein von seiner Krankheit befallen. Bis auf die erste Zeit nach seiner Entlassung habe ich ihn nie wieder gesehen. Im übrigen interessiert mich die Vergangenheit nicht, sie stimmt mich nur traurig und sonst gar nichts. Mir liegt nichts an Erinnerungen, und ich kann auch Proust nicht verstehen. Das heißt, ich verstehe wohl seine Art zu schreiben, aber nicht die Überbetonung der Erinnerung und ihre mythische Verklärung.

Hat denn unser Buch, das wir gerade zusammen machen, etwas Erzwungenes für Dich?

Mit der Vergangenheit ist es wie mit der Kohle: Nachdem sie einmal gebrannt hat, hinterläßt sie nur Schlacken, also schwarze Partikel, so leicht wie feiner Staub. Sie hat gewärmt und ist dann erloschen.

Glaubst Du nicht, daß diese Materie, die so leicht wie Staub ist, gerade eben wegen ihrer Nichtigkeit und Leichtigkeit ihre eigene Poesie hat?

Die Zeit existiert nicht, und die Persönlichkeit existiert nicht. Mein Leben hätte auch von einem ganz anderen Menschen gelebt werden können, ohne daß ich mich deshalb anders fühlen würde. Wenn ich an Vergangenes zurückdenke, habe ich das unabweisbare Gefühl, daß jemand ganz Anderes diese vergangenen Dinge erlebt hat. Ich sehe jedenfalls keine Verbindung zwischen meinem Ich damals und meinem Ich heute. Ich selbst habe mich wohl kaum sehr verändert, vielmehr ist mein Leben in der Rückschau betrachtet ein Anderes geworden.

Inwiefern?

Ich bin jetzt achtundsiebzig Jahre alt, aber ich habe nicht den Eindruck, diese Jahre als etwas Kontinuierliches gelebt zu haben. Meine Erlebnisse im Jahr 1924 interessieren mich heute nicht mehr. Sie sind Geschichte, die ich aber als eine nicht zusammen-hängende Abfolge von Ereignissen ohne reale Beziehung unter-einander verstehe. An die Vergangenheit zu denken, ist mir lästig.

Und dennoch ist die Vergangenheit in Deinen Büchern gegenwär-tig, sie kehrt immer wieder, fast schon mit einer gewissen Besessen-heit, zwar nicht wie bei Proust, der Wehmut und den Wunsch nach Wiederkehr ausdrückt, sondern in der Form des Zusammenpralls und Ringens des eigenen Inneren mit den ersten Erfahrungen, von denen man nicht loskommt.

Die Vergangenheit stellt in meinem Leben eine Reihe von Dingen und schicksalhaften Ereignissen dar, die schließlich in der Gegen-wart, in anderen Formen, von neuem auftauchen. Für mich ist das Leben wie das Chaos, wie die stürmische See, die allerdings ohne Tiefe ist und flach erscheint. Kaum trete ich aus der Gegen-wart heraus, erscheint mir alles seicht und eintönig; keine Woge, die ihre ursprüngliche Form beibehält. In diesem Meer habe ich mich bisher mit meinem Lebensschiff durchlaviert, ich weiß selbst nicht wie.

Folglich hat das Leben für Dich einen linearen Verlauf, gleich ei-nem Zug, der einen Punkt hinter sich läßt, um zu einem nächsten zu gelangen. Es gibt keine Rückkehr, keine Wiederholungen, keine kreisförmigen Verläufe, keine immer wiederkehrenden Zei-chen, keine Besessenheiten und Phantasiegebilde in Deinem Le-ben?

Meine Phantasien reichen nicht in die Vergangenheit, sondern be-wegen sich, wenn überhaupt, in der Gegenwart.

Zum Beispiel?

Ich meine Alpträume und zwanghafte Vorstellungen; ich meine Personen, die ich liebe, und solche, die ich hasse.

An welche Art Personen denkst Du?

Ich lebe in der Gegenwart, und die erlebe ich sehr intensiv. Die Frage, die ich mir immer wieder stelle, lautet: Wie soll ich handeln? Ich denke mir fünf oder sechs Lösungsmöglichkeiten für die sich vor mir auftürmenden Schwierigkeiten aus und wähle schließlich die Lösung, die am wenigsten kränkend für die anderen und für mich selbst ist. Es gibt auch Dinge, die ich ganz unterlasse – aus Gründen der Selbstachtung.

Was zum Beispiel?

So bitte ich niemanden um irgend etwas.

Erzähle mir doch noch mehr über Deinen Freund im Sanatorium. Nach Deinen Erzählungen zu urteilen, hat er einen gewissen Einfluß in Deiner Jugend auf Dich ausgeübt. Was hat Dich am stärksten an ihm beeindruckt?

Er war sehr sympathisch, wenn auch ein wenig zynisch. Er war sich bewußt, daß alle ihn mochten, und wußte das auszunutzen. Die Zimmermädchen kamen immer zuerst bei ihm vorbei, ehe sie das Obst den anderen Kranken auf die Zimmer brachten, damit er sich die schönsten Früchte aussuchen konnte. Vielleicht war es vor allem seine lustige und fröhliche Art, die mir an ihm gefiel. Durch das ständige Alleinsein war ich schwermütig geworden und auf krankhafte Art niedergedrückt.

Worin bestand das Krankhafte Deiner Schwermut?

Indem ich nach allem, was traurig machte, geradezu suchte und mir dann in diesem Gefühl selbst leid tat. Und da ich im Grunde ein vitaler Mensch war, ergriffen mich auch die traurigen Dinge sehr. Es war eine grauenhafte Zeit, Jahre ohne jede Liebe und Zuneigung, auch wenn das Leben im Sanatorium manchmal alles andere als traurig war. Eines Tages zum Beispiel wurde jemand eingeliefert, ein Milchhändler mit einem vereiterten Knie. Professor Putti kam angereist, nahm ihm das Bein ab, und der Mann blühte wieder auf. Und zwar so, daß er zehn Tage darauf mit der Garderobenfrau ins Bett ging. Aber die Krankenschwester, die die Zimmer zu besorgen hatte, kam herein, erblickte drei Füße anstatt des einen und benachrichtigte umgehend den Verwalter. Dieser kam herauf, durfte aber das Zimmer nicht betreten, andernfalls hätte er sich des Hausfriedensbruchs schuldig gemacht. So warteten er und der Direktor solange vor der Tür, bis sie herauskam. Nach einigen Stunden mußte sie wohl oder übel die Tür öffnen, und ich hörte in meinem Zimmer, wie sie rief: »Ich bin keine Dirne, ich bin keine Dirne!«

Hattest Du denn keine Liebschaft im Sanatorium?

Nein, gar keine. Vielleicht hätte ich mich in meinen Zimmernachbarn verlieben können. Es wäre dann aber eher Zuneigung gewesen als sinnliche Liebe. Doch es kam nicht dazu, weil ich dieses idealisierte Bild, welches ich mir von ihm gemacht hatte, bei mir selbst mißbilligte und versuchte davon loszukommen.

Dann ist es unter Heranwachsenden Deiner Meinung nach möglich, daß die Grenze zwischen Freundschaft und Liebe ziemlich schwach ist?

Ich habe nie homosexuelle Erfahrungen gemacht, aber ich hätte sie machen können. Mit Sicherheit fühlte ich mich im Sanatorium zu meinem Zimmernachbarn hingezogen. Als ich später eine Frau liebte, erlebte ich mich aber, obwohl jeder von uns zum Teil bisexuell orientiert ist, ausgesprochen heterosexuell.

Warum bist Du der Meinung, daß Jugendliche stärker zur Bisexualität neigen?

Die Sexualität ist eine außergewöhnliche Kraft, sie kann die verschiedensten Richtungen einschlagen. Das hängt von so vielen unterschiedlichen Faktoren ab; ich habe eine Ewigkeit gebraucht, bis ich bestimmte Dinge endlich begriffen hatte. Als Kind war ich sehr verschlossen, sehr schüchtern und sehr puritanisch. Und das Leben im Sanatorium fand ich einfach deprimierend. All das konnte kaum meine Lustgefühle steigern, sondern brachte mich eher zum Rasen. Die Allgegenwart des Todes hatte etwas Beklemmendes.

Sprichst Du vom Tod, der Euch alle bedrohte, oder von Leichnamen, die Du als Kranker wirklich gesehen hast?

Im Sanatorium gab es das ungeschriebene Gesetz, daß die unheilbar Kranken nach Hause geschickt wurden. Das geschah, um die Statistiken niedrig zu halten. Wenn jemand im Sterben lag, brachten sie ihn in ein Auto und fuhren ihn nach Hause. Ich erinnere mich noch an einen Mann aus Bari, der an Spondylitis litt, also an Rückentuberkulose. Er war so mager, daß man sein Rückgrat durch den Bauch scheinen sah. Als abzusehen war, daß er es nicht mehr schaffen würde, setzte man ihm eine viel zu große Radrennfahrermütze mit Schirm auf, zog ihm eine großkarierte Blousonjacke über, hob ihn in einen Wagen und schickte ihn fort. Ich konnte das alles in dem Spiegel neben meinem Bett verfolgen.

Dann hattest auch Du solch einen Spiegel. Besaßen ihn gewöhnlich alle Kranken, die ans Bett gefesselt waren, oder waren nur einige wenige auf diesen Trick gekommen, so wie erfindungsreiche Gefängnishäftlinge?

Den Spiegel hatten viele. Ich hatte zwar auch einen, benutzte ihn aber nicht. Der Wagen, wie gesagt, begann seine Fahrt abwärts auf der Via d'Alemagna. Er hatte bereits drei Kurven hinter sich gebracht, als er anhielt, und dann sah ich ihn in großer Eile wieder zurückkehren. Der Kranke war bei der Abfahrt gestorben.

Hat Dich dieses Erlebnis sehr beeindruckt?

Nein, gar nicht. Ein anderesmal brachte man mich zur Bestrahlung mit der Quarzlampe. Irrtümlich wurde dabei die falsche Tür geöffnet, und ich sah einen Toten ausgestreckt auf einem Bett liegen. Damals starb man noch an Tuberkulose.

*Dachtest Du daran, daß Du ebenfalls sterben könntest, oder hat-
test Du das sichere Gefühl zu überleben?*

An den Tod dachte ich tatsächlich in der letzten Zeit, als ich noch
zu Hause krank lag, während mir dieser Gedanke im Sanatorium
nie in den Sinn gekommen ist. Ich hatte das sichere Gefühl, genügend Lebenskraft in mir zu haben. Ich war einfach ungeheuer wü-
tend. Der Tod war für mich eine ganz normale Angelegenheit,
über den man sogar lachen konnte. Ein anderer Kranker, ein pol-
nischer Jude, den man während des Krieges in einen gefrorenen
See geworfen hatte, worauf er an Tuberkulose erkrankte, starb eines Nachts. Ich weiß noch, wie jemand sagte: »Er ist nach Polen
zurückgekehrt«; darauf ein anderer: »Sein Polen ist hier, auf dem
Friedhof.«

*Willst Du sagen, daß sie auch ihn mit dem Wagen weggebracht ha-
ben, als er im Sterben lag?*

Nein, ihn nicht; es geschah alles viel zu schnell. Und wohin hätten sie ihn bringen sollen, er hatte kein Zuhause mehr. Mit dem
Polen habe ich manchmal Schach gespielt, allerdings nur in den
ersten zwei Monaten, die ich auf der Zweiten Klasse zu Beginn
meines Sanatoriumsaufenthaltes zubrachte. Erster Klasse war
zwar alles bequemer, aber ich war immerfort allein, wie ich schon
erzählt habe. Der Professor Vacchelli hielt mich für einen Neuro-
tiker, dabei war ich nur verzweifelt.

Hast Du im Sanatorium geschrieben?

Ich dachte mit keinem Gedanken daran. Trotzdem fragte ich meinen Vater, ob er mir eine Schreibmaschine schenken würde, und
er tat es auch. Als er mir mitteilte, daß sie unterwegs sei, sprach
ich mit dem Triestiner darüber. Schließlich kam sie an, aber es war
eine gebrauchte Schreibmaschine, und ich war darüber tief ent-
täuscht.

Konntest Du sie im Bett benutzen?

Nein, im Sanatorium gelang es mir nicht, auch nur ein Wort zu Papier zu bringen. Ich las und las. Tolstoi auf französisch, Dikkens auf englisch. Mein Englisch konnte ich auf diese Weise sehr verbessern. Während ich Französisch schon vorher beherrschte, habe ich meine Englischkenntnisse im Sanatorium mit Hilfe von Büchern vertieft.

Hast Du nicht doch irgend etwas in Dir ausgebrütet, eine Geschichte oder bestimmte Romangestalten, die Dir durch den Kopf gingen?

Nein, gar nichts. Doch viele Jahre später fand ich ein Heft aus der Zeit, als ich zwölf war, wieder; es enthielt ein Romangerüst, das schon der Entwurf von *Die Gleichgültigen* war.

Und schließlich teilte man Dir mit, Du seist gesund, und Du begannst, wieder gehen zu lernen. Wie lange hast Du dazu gebraucht?

Ich begann damit im September 1925, gestützt auf Krücken und zuerst noch im Sanatorium. Einen Monat später kamen meine Eltern angereist und nahmen mich mit nach Bressanone (Brixen). Ich hatte bei der Gelegenheit eine karierte Jacke an, daran kann ich mich gut erinnern, und Knickerbockers, außerdem Kniestrümpfe mit Troddeln und einen gelbgrünen Pullover, den mir meine Mutter geschenkt hatte und der ursprünglich ihr gehörte.

Sicherlich war es nicht Armut, die Dich daran hinderte, einen neuen Pullover anzuziehen. So war es wohl ein Zeichen der Zuneigung, daß Du bei Deiner Rückkehr in das normale Leben als erstes Kleidungsstück einen Pullover trugst, den Deine Mutter angehabt hatte?

Nein, das war reiner Zufall. Sie hatte ihn bei sich und gab ihn mir. Im übrigen war ich so mager, daß mir selbst ein Frauenpullover zu weit war.

Mußtest Du weiterhin auf Krücken gehen?

Ja, es waren große Krücken, wie man sie damals benutzte, die bis unter die Achseln reichten, nicht die heute üblichen, die Kanadischen, die nur bis zum Unterarm gehen. Es war das erstemal, daß ich hinaus konnte, und ich war sehr aufgeregt.

Durfte der Triestiner auch hinausgehen?

Einige Tage zuvor war seine ganze Familie in Cortina angekommen, Vater, Mutter und zwei äußerst sympathische Brüder, die es allerdings nie zu etwas Rechtem im Leben gebracht hatten. Einer der Brüder arbeitete als Zeichner in mondänen Kreisen und hatte eine mollige Amerikanerin als Geliebte. Sie kamen alle zusammen jeden Tag hinauf ins Sanatorium mit einem Auto vom Typ OM: der französische Chauffeur, das amerikanische Mädchen und der Bruder, der Zeichner.

Weshalb gerade ein französischer Chauffeur?

Weil die Amerikanerin, die ein schwerreiches Mädchen war, in Paris lebte, von wo aus sie mitsamt Wagen und Chauffeur nach Italien gekommen war. Ich sehe noch den Chauffeur vor mir, wie er mit der Andeutung einer würdevollen Verbeugung bemerkte: »On fait du cinquante.« Ich beobachtete den Kilometerzähler, der unaufhörlich stieg, während der Wagen sich vom Boden abzuheben begann, zu fliegen schien, und das ganze Auto erbebte.

War das nicht eine vergnügliche Zeit für Dich, in der Du ganz zufrieden warst?

Nein, bestimmt nicht. Ich hatte gerade zu gehen begonnen und noch keinerlei Ahnung vom Leben. Ich fühlte mich mit all meinen Sinnen wie neu geboren und war unglaublich naiv. Dieses rauschhafte Lebensgefühl läßt sich überhaupt nicht beschreiben. Endlich konnte ich das Tal von Cortina von einem anderen Standpunkt aus betrachten, es war fast nicht zu glauben.

Zeigten Deine Angehörigen Mitgefühl für Dich und Deine Situation?

Nun, da ich endlich hinausgehen konnte, erschien mir ihr Verständnis nicht mehr so wichtig. Ich war einfach nur froh, mich wieder bewegen zu können. Abends ging ich mit dem Triestiner ins Café oder in ein Restaurant, und glücklich genoß ich es, wieder laufen zu können. Einmal machten wir beide einen Ausflug nach Bolzano (Bozen), wo wir eine Droschke nahmen, um in ein Bordell zu fahren. Der Droschkenkutscher, ein alter Mann mit weißen Haaren, ich sehe ihn noch vor mir, zögerte, ehe er uns zu der angegebenen Adresse brachte. Aber den Triestiner, er war ein unverfrorener Draufgänger, focht das nicht weiter an. Allerdings weigerte sich der Kutscher, der sich sichtlich genierte, auf uns zu warten, sondern fuhr gleich weiter.

Wie sah dieses Etablissement aus?

Es wirkte auf mich wie eine x-beliebige, bürgerliche, vornehme Villa. Im Innern befand sich ein Salon mit Stucksäulen, Orientteppichen, mit imitiert-antiken Sofas und Samtvorhängen. Alles das wirkte ausgesprochen anständig und sehr konventionell. Der Triestiner suchte sich sofort eine kleine Blondine aus und verschwand mit ihr in einem Zimmer. Aber zuvor hatte er mich einer brünetten und sehr ernst dreinschauenden jungen Frau anvertraut.

Hatte er sie für Dich ausgewählt?

Er wußte ja, daß ich noch keinerlei Erfahrung hatte und arrangierte alles so, daß ich kaum etwas merkte.

Wie war dieses Mädchen?

Sie trug eine bis zum Boden reichende Stoffbluse und erschien mir wie ein Engel von Dante Gabriel Rossetti. Zwei schwarze, schwere Zöpfe umrahmten ihr unfrohes Gesicht. Sie führte mich

138

in ihr Zimmer, wo ich zu ihr sagte: Sieh her, ich trage einen orthopädischen Apparat. Sie reagierte ausgesprochen nett, half mir dabei, ihn abzunehmen und lehnte ihn vorsichtig an die Wand.

War der Apparat sehr schwer?

Er bestand aus zwei sperrigen Gipsschalen. Später bekam ich eine, die aus Zelluloid und Eisendraht bestand und wesentlich leichter war. Wir liebten uns wie ein Ehepaar, keusch und züchtig. Später erfuhr ich, daß sie einmal Grundschullehrerin gewesen war.

Dann war dies eine positive Erfahrung für Dich, nicht wahr? Störte Dich die Tatsache, daß Du sie bezahlen mußtest?

Nein, sie gefiel mir, und deshalb gefiel es mir auch, ihr Geld zu geben. Sie hatte nichts Vulgäres an sich. Außerdem war ich ihr dankbar, mich in die Liebe eingeführt zu haben.

War es Dir nicht unangenehm, daß sie selbst nichts spürte und dort nichts als ihren Job tat?

Ich weiß nicht, ob ich ihr gefiel. Ich weiß nur, daß sie ihre Arbeit ganz bescheiden und sehr einfühlsam ausführte.

Demnach hat der Triestiner seine Sache gut gemacht und Dir die Richtige ausgesucht?

Er besaß einen geradezu fachmännischen Blick und wußte, daß ich eine eher zurückhaltende und einfühlsame Frau brauchte, und sie war auch wirklich sehr zartfühlend.

War sie so, weil sie vorher Lehrerin gewesen war und mit der Arbeit gerade begonnen hatte, oder meinst Du, daß Prostituierte damals im allgemeinen prüder waren und sich eher nach dem Muster einer ehemaligen Klosterschülerin verhielten?

Nein, es lag wirklich an ihr selber, denn sie hatte kaum etwas von einer richtigen Prostituierten an sich. Wahrscheinlich war sie ein Mädchen aus der ortsansässigen und im Kriege verarmten Kleinbourgeoisie; sie machte auf mich den Eindruck, als ob sie diese Arbeit nicht gewohnheitsmäßig tat, sondern durch einen Zufall dahin geraten war.

Du hast sie wohl mit einer abstrakten Vorstellung verglichen, da Du selber ja nie eine Prostituierte kennengelernt hattest. An welche Prostituiertengestalten in der Literatur dachtest Du, als Du dieses Etablissement aufsuchtest? Gab es solch eine literarische Figur, die sich bei Dir festgesetzt hatte?

Nein, die gab es damals für mich nicht, sondern meine Meinung über sie stammt von heute. In der damaligen Situation konnte ich sie gar nicht beurteilen, sondern lebte nur mit den Augen, also nicht mit dem Bewußtsein. Ich hatte dieser Zusammenkunft mit einigem Herzklopfen entgegengesehen, so als wäre es eines der üblichen Treffen zwischen Mann und Frau. Ich verspürte ganz vitale Regungen, die mir alles spontan und natürlich machten. Genau in diesen Tagen begann ich übrigens mit der Niederschrift von *Die Gleichgültigen*.

So, als ob die Liebe Deine angestaute Ausdruckskraft endlich freigegeben hätte.

Es mag schon so gewesen sein, aber es war mir nicht bewußt.

Haben Deine Eltern diese Veränderung bemerkt?

Meine Mutter bat mich auf Knien, wieder zur Schule zurückzukehren. Aber ich lehnte das ab. Ihr Wunsch war, mich im diplomatischen Dienst zu sehen; sie hatte völlig verklärte Vorstellungen von der Laufbahn eines Diplomaten. Diesen Mythos hat dann meine Schwester Elena geerbt, als sie einen Botschafter heiratete. »Später wirst Du es einmal bereuen«, beschwor mich meine Mutter, »was wirst Du schon ohne Doktortitel anfangen können? Du mußt Dir doch eine Position aufbauen.« Ich antwortete ihr, mit welchem Schauder ich noch immer an die wenigen Monate Schule zurückdächte und daß ich keine Absicht hätte, damit wieder anzufangen. Meine hartnäckige Weigerung, die sich tief im Unterbewußtsein von einer Art Hoffnung auf eine Zukunft als Schriftsteller nährte – ich hatte damals noch kein Wort geschrieben und bin, im allgemeinen, kein zielstrebiger Mensch! – erschien auch mir merkwürdig. Um ehrlich zu sein, war ich mir meiner Berufung als Schriftsteller überhaupt nicht sicher, so daß ich ebensogut zur Schule hätte zurückkehren können. Aber ich hielt an meinem Vorsatz unbeirrt fest.

Wie hat Dein Vater diese Nachricht aufgenommen?

Er sagte kein Wort; wie üblich. Ich war ihm dankbar dafür. Meine Mutter dagegen fuhr fort, mich zu quälen, selbst noch unter Tränen versuchte sie mich umzustimmen.

Zurück nach Bressanone – wie lebtest Du dort, warst Du in einem Hotel untergebracht?

Ich wohnte im Kurhaus, das zwar wie ein Hotel war, wo man aber, wie in einem Sanatorium, Pflege bekam. Ich schlief dort, ging jedoch zum Essen aus.

Blieben Deine Verwandten längere Zeit bei Dir?

Nein, sie fuhren nach einigen Tagen wieder fort. Aber auch als sie da waren, sah ich sie nur wenig.

Fuhrst Du mit dem Triestiner oft nach Bolzano?

Es wird kaum mehr als ein oder zwei Mal gewesen sein, aber wir gingen nicht zu Frauen, sondern machten zusammen Einkäufe. Bordelle empfand ich wegen ihrer Öde als abscheuliche Örtlichkeiten. Sehr viel später kam ich stattdessen manchmal in die Verlegenheit, ein sogenanntes Straßenmädchen beim Auf- und Abge-

141

hen anzusprechen. Ich verspürte dabei fast so etwas wie den Hauch eines echten Abenteuers.

Aber Du sagtest eben, Deine erste Erfahrung mit einem solchen Etablissement sei positiv gewesen.

Reiner Zufall. Möglicherweise deshalb, weil ich mich gerade wie nach einer Haftentlassung fühlte und auf ein anderes, in solchen Kreisen nicht übliches Mädchen traf. Für viele italienische Männer war das Casino ein Ort, wo man abends hinging, um sich zu unterhalten, etwas zu trinken und überhaupt die Zeit zu verbringen. Man nahm sich die Mädchen auf den Schoß, lachte und war lustig.

Und Du, nahmst Du Dir auch Mädchen auf den Schoß?

Nein doch, ich sagte es ja schon. Trotzdem wußte ich, wie es dort zuging: Man trat ein und besorgte sich an der Kasse einen Jeton, den man auch Marke (marchetta) nannte. Daher kommt übrigens die Bezeichnung, ›Marken anschaffen‹ (fare marchette). Aber viele, die in ein Casino gingen, waren im Grunde Flaneure, die die Gesellschaft mit Gleichgesinnten suchten. Zur Zeit des Faschismus war es nämlich üblich, daß Männer, die zusammen arbeiteten, ob im Büro, in der Zeitung oder im Ministerium, gemeinsam nach der Arbeit ins Casino gingen. Eine ausgesprochen widerwärtige Gewohnheit, fand ich immer.

Hattest Du zu der Zeit keine Freundschaften oder Liebesverhältnisse mit Frauen?

Nein, nicht in Bressanone, also nicht unmittelbar nach der Zeit im Sanatorium.

Was habt Ihr beide denn, Du und der Triestiner, in Bolzano unternommen?

Wir kauften gemeinsam ein, beispielsweise einen gelbbraunen

142

Anzug, dessen Farbe mich an Most erinnerte, Jacke, Weste und Hose. Später dann, als ich ihn doch nie trug, zog ihn mein Vater an, und es wurde sein mostfarbener Anzug.

Warum trugst Du den Anzug nicht selber?

Sein Schnitt hatte etwas von dem Trachtenanzug eines grob-schlächtigen Bergbewohners; da waren die Anzüge, die mir ein Schneider in Florenz anfertigte, schon eher nach meinem Ge-schmack.

Bist Du extra zu den Anproben nach Florenz gefahren?

Ja, das war eine gute Gelegenheit, auf Reisen zu gehen.

Wie lange hast Du im Kurhaus gewohnt?

Zwei Monate lang, Oktober und November. Ich entsinne mich, daß ich mir in Bolzano aus einer Buchhandlung Bücher besorgte wie: *A l'ombre des jeunes filles en fleur (Im Schatten junger Mäd-chenblüte)* von Proust, *Le Potomac* von Cocteau, *Die toten See-len* von Gogol und *Les Illuminations* von Rimbaud; in Florenz, wenige Monate später, dann den *Ulysses* von Joyce.

Nahmst Du den Triestiner auch zum Bücherkauf mit?

Ja.

Ihr müßt ja ein komisches Paar abgegeben haben: Beide auf Krücken, beide mit einem Monokel und beide spindeldürr. Wie lange hat bei Dir der Monokel-Tick eigentlich gedauert?

Er war überhaupt nicht dürr; dünn war nur ich. Er war gerade richtig, weder dick noch dünn, während man bei mir die Rippen zählen konnte. Was das Monokel betrifft, so habe ich es nach mei-ner Rückkehr nach Rom nicht mehr aufgesetzt.

Was hast Du in Bressanone den ganzen Tag lang gemacht?

Ich lief viel umher. Die Straßen waren mit gelb- und rotgefärbten Blättern übersät, es war Spätherbst. Ich spazierte die Alleen entlang, immer ganz allein; dann ging ich auch ins Café, trank einen Campari und begab mich schließlich in ein Restaurant, wo einige Offiziere ihre Mahlzeiten einnahmen. Unter ihnen war ein Florentiner, mit einer auffällig großen Nase; mit ihm habe ich mich manchmal unterhalten. Dann war da noch ein anderer Gast, der Muti ähnlich sah, ein Faschist von der gutaussehenden und perversen Sorte. Er saß am Tisch zusammen mit einer blonden Frau, die mir gut gefiel.

Dein Eßtisch stand in unmittelbarer Türnähe, wenn ich mich richtig erinnere.

Ja, in der Nähe des Ausgangs. Ich saß dort allein. Gegenüber stand der Tisch mit dem ansehnlichen, großgewachsenen Offizier und der Blondine, die sehr schön war, eine typisch österreichische Schönheit. Ich sah ihnen zu.

Das Essen war sicherlich besser als im Sanatorium, nicht wahr?

Es war überhaupt das erste Mal, daß ich richtigen Geschmack am Essen fand: Forellen in zerlassener Butter, Wildschweinpastete, überbackene Wachteln. Ich wollte mich für das schlechte Essen im Sanatorium richtig entschädigen, denn schließlich war ich Rekonvaleszent und mußte neue Kräfte sammeln. Trotzdem aß ich nicht viel, sondern trank und rauchte eher; überhaupt spielte ich den Lebemann.

Wann hast Du geschrieben?

Morgens, ein oder zwei Stunden lang. Ich fuhr fort mit der Niederschrift von *Die Gleichgültigen*. »Carla trat ein« — das war der erste Satz; es begann wie in einem Theaterstück. Praktisch hat sich aus diesem Satz das ganze Buch entwickelt.

Borgese hat einmal über Dich geschrieben:
»Er ist unerbittlich in der Wiedergabe selbst noch so scheußlicher Details, freilich nicht ohne eine Art gewissenhafter Objektivität, die man ein halbes Jahrhundert früher als naturalistisch oder experimentell bezeichnet hätte, dabei mit einem Gefühl, daß ich als Vertrautheit mit dem Ekel bezeichnen würde. Einem Schlangenbeschwörer sieht er ähnlich, der die häßlichen Viecher in der Hand hält und dabei kalt lächelt.«
Erkennst Du Dich in diesem Schlangenbeschwörer wieder? Und kannst Du seiner Bemerkung über Dein Vertrautsein mit dem Ekel zustimmen?

Nein, in dem Schlangenbeschwörer nicht, das war lediglich Borgeses auf Effekthascherei bedachte Ausdrucksweise. Ich selbst gehörte bestimmt nicht zu denen, die ihr Spiel mit der Literatur trieben; vielmehr lernte ich das Schreiben erst in dem Augenblick, als ich den Roman niederschrieb.

Was sagst Du zum Vertrautsein mit dem Ekel im Hinblick auf die einzelnen Personen in Die Gleichgültigen?

Naja, das trifft schon eher zu.

Borgese meinte, einen naturalistischen Schriftsteller in Dir zu erkennen.

Den Naturalismus habe ich schon immer abgelehnt. Meine Art zu schreiben, ist bestenfalls expressionistisch, erweitert um die bedrängenden Existenzprobleme.

Kehren wir zurück nach Bressanone. Begleitete Dich der Triestiner manchmal zum Essen in Dein Restaurant?

Er war unterdessen abgereist.

Hattest Du noch andere Freundschaften geschlossen?

Ich war immer allein. Eines Tages sprach ich den Offizier an, der Muti ähnlich sah, und von da an grüßte ich beide, wenn ich sie traf. Weiter geschah nichts. Eines Abends gab mir der Offizier auf ziemlich geheimnisvolle Art und mit allerhand Umschreibungen zu verstehen, daß er mir sein Mädchen zum Lieben überlassen würde. Sie war Österreicherin, zweiundzwanzig Jahre alt und trug Trauerkleidung wegen des Todes ihrer Mutter, selbst den Kopf hatte sie mit einem schwarzen Schleier bedeckt.

Und Du, trugst Du noch Dein Monokel – wie alt warst Du damals?

Ich war siebzehn; ja, und das Monokel trug ich noch, so weit ich mich erinnere. Meine Abreise nach Rom stand bevor, es war Herbst, ich sehe noch die Straßen, mit welken, toten Blättern bedeckt, vor mir. Wir gingen dann gemeinsam zu ihm nach Hause, wo wir zu dritt zu Abend aßen.

Wie alt war er, war er sehr viel älter als Du?

Ja, um die dreißig. Er führte uns im Erdgeschoß in ein Zimmer, in eine Art Arbeitszimmer, das ziemlich geräumig war und in den Garten hinausging. Außer der Fenstertür war da ein kleiner Balkon mit einem herabhängenden Glöckchen. Er wies die Frau an, sich auszukleiden. Sie versuchte zu protestieren, daraufhin lief er ihr im Zimmer nach und zog sie schließlich für mich aus. Als sie völlig nackt war, ging er aus dem Zimmer und ließ uns allein.

War das ein Spiel, als er hinter ihr herlief und sie auszog, oder war das Gewalttätigkeit?

Es war nichts von Spiel und Fröhlichkeit in den Bewegungen der beiden zu erkennen. Sie wirkte zutiefst entwürdigt, und er ging hart und entschlossen vor.

Und dann?

Liebten wir uns wie ein Ehepaar, keusch und züchtig. Ab und an schellte das Glöckchen. Er war es, der von draußen anfragte, ob wir fertig seien.

Und dann?

Kaum waren wir fertig, kam er herein. Sie verschwand hinter einer spanischen Wand, wo sie sich wieder ankleidete. Unterdessen sagte ich etwas völlig Schwachsinniges: »Ich möchte ihr etwas geben für ihre Bemühungen.« Er darauf, von oben herab, ganz der feine Herr: »Das ist kein Fleisch, Herr Pincherle, welches man kaufen kann.« Ich kehrte ins Hotel zurück mit dem Gefühl, ein großes Abenteuer erlebt zu haben.

Hast Du jemals über dieses Abenteuer geschrieben?

Nein, so wie ich es erlebt habe, niemals.

Hast Du dieses Mädchen noch einmal wiedergesehen?

Am nächsten Morgen stieg ich in den Zug nach Rom. Ich durchlief einige Wagen des Zuges und plötzlich treffe ich ausgerechnet sie. Sie saß, ganz in Trauerkleidung, in der Ecke eines leeren Abteils. Ich fragte sie: »Was ist gestern bloß passiert?«, und sie: »Das kann ich Dir nicht erklären.« Ich habe nie erfahren, warum er sich in dieser Weise verhalten und warum sie seinem Willen nachgegeben hat.

Hast Du ihn wiedergesehen?

Nein. Während ich im Zug mit ihr sprach, kam der Kontrolleur herein und jagte mich fort. Ich hatte eine Fahrkarte Erster Klasse, und sie fuhr in der Zweiten Klasse. So mußte ich sie verlassen und sah sie nie wieder.

Du hättest ihr doch den Preisunterschied bezahlen können, um Dich noch eine Weile mit ihr zu unterhalten?

So geistesgegenwärtig war ich nicht. Wenn man jung ist, fehlt es einem an Schläue und Beweglichkeit. So viel habe ich wegen meiner Schüchternheit verpaßt. Aber vielleicht gibt es noch einen anderen Grund: Der Keim ist es, der mich reizt, nicht seine Entwicklung, denn nur der Keim birgt Geheimnisvolles in sich. Auch in der Literatur liebe ich das Keimende. Das Abenteuer war damals solch ein Keim, und ihn zur Entfaltung zu bringen, interessierte mich nicht.

Dennoch bist Du ein Schriftsteller, der alles bis ins letzte Detail erklärt und der jeweils zugrundeliegenden Logik von Beziehungen nachspürt. Hat man Dir nicht gerade den Vorwurf der überdeutlichen Darstellungsweise gemacht, die fast schon etwas Mechanistisches hat?

Der Vorwurf trifft nicht zu. Meine Schreibweise kann man als durchaus explizit bezeichnen, aber sie enthält noch weitere unzählige Entwicklungsmöglichkeiten, die ich selbst gar nicht bis zu ihrem Ende verfolgen wollte. Ich glaube in der Literatur mehr an das suchende Verlangen als an dessen Erfüllung.

Und was sagst Du zu der Definition von Pampaloni: »Moravia schreibt kämpferisch an gegen die Gemeinplätze des Aktuellen, um sie in Mythen umzuwandeln.« Er bezeichnet dies als »neue Klassik«.

Meine sogenannte Klassizität besteht in einer einzigen Sache: Obwohl ich ein durch und durch intellektueller Schriftsteller bin, geradezu das, was man ›sophisticated‹ nennt, gelingt es mir aus Gründen, die mir selbst nicht klar sind, mich dem Durchschnittsbewußtsein anzunähern. Nicht dem gesunden Menschenverstand, wohlgemerkt, sondern dem Durchschnittsbewußtsein.

Worin besteht für Dich der Unterschied zwischen Durchschnittsbewußtsein und gesundem Menschenverstand?

Der gesunde Menschenverstand ist lediglich eine Form der

Dummheit, während das Durchschnittsbewußtsein die Summe der Erfahrungen ist, die die Menschheit im Laufe ihrer Existenz als ihr Erbe angesammelt hat.

Welche Bedeutung hat das Aktuelle für Dich?

Aktuell ist, was vor meinen Augen stattfindet und nur in dem Augenblick, in dem es sich ereignet.

Wenn es sich vor Deinem inneren Auge, in Deiner Vorstellung bzw. in der Erinnerung abspielt, wäre das nicht auch Gegenwart?

Das Aktuelle ist die Gegenwart.

Du hast oft behauptet, daß es die Vergangenheit nicht gibt; mit anderen Worten, alles sei Gegenwart, selbst noch die entfernteste Vergangenheit: Eine Landschaft ohne Tiefe. Oder willst Du vielleicht sagen, daß es die Vergangenheit gibt, sie Dir aber nicht gefällt, und Du Dich daher der Zukunft zuwendest? Das würde dann allerdings heißen, im Gegensatz zu der ersten Behauptung, daß Du der Vergangenheit sogar eine große Bedeutung einräumst, eine so große, daß Du sie hassen und en bloc ablehnen müßtest.

Ich bin der Auffassung, das gesamte Leben spielt sich in der Gegenwart ab, wie im Kino. Im Film siehst Du Cäsar, der den Rubikon überquert, doch Du siehst ihn jetzt, in Wirklichkeit.

Alles in allem, wie beurteilst Du Deine Kindheit und Deine Jugend, wenn Du zurückschaust?

Ich denke, daß ich seit meinem neunten Lebensjahr tief unglücklich gewesen bin.

Und vor dieser Zeit?

Da war ich, meine ich, glücklich, jedenfalls einigermaßen glücklich. Danach, etwa mit sieben Jahren, begann es mir schlecht zu gehen.

Sprichst Du von Deiner Krankheit oder meinst Du noch andere Gründe des Unwohlseins?

Nein, es war nicht nur die Krankheit. Als ich mir klar zu machen begann, wie es in der Welt zuging, war alles Glück vorbei. Daran aber hatte niemand Schuld. Wie ich Dir schon sagte: Meine Familie war normal, der Nicht-Normale war ich.

Adriana

DACIA *Du weißt, daß ich gerade ein Buch über Alberto und seine Kindheit vorbereite? Ich möchte daher auch Dir einige Fragen über diese Zeit stellen: über Dich, über ihn und Eure Familie. Zuerst würde mich interessieren, wie hast Du Alberto als kleinen Jungen in Erinnerung?*

ADRIANA Alberto war ein hübsches, kräftiges und ein fröhliches Kind, obwohl er manchmal auch melancholisch sein konnte. Aber er war immer sehr lebhaft, solange er gesund war.

Wie war Euer Verhältnis?

Ich habe immer eine große und tiefe Liebe für ihn empfunden und selbst noch seine kleinen Schikanen hingenommen, ohne mich zu wehren.

Welche Schikanen waren das?

Er war ziemlich rechthaberisch beim Spielen und außerdem kniff und zwickte er mich immer so stark, daß ich blaue Flecke davon bekam.

Weshalb tat er das bloß?

Einfach so — um mich zu ärgern und weil es ihm Spaß machte. Aber er konnte sich auch anhänglich zeigen, freilich auf seine Weise, denn er war in seinen Gefühlsäußerungen ungewöhnlich zurückhaltend. Leider hatten wir wegen seiner Krankheit und der vielen Reisen sehr wenig Umgang miteinander.

Wie war Dein Vater?

Er war ausgesprochen jähzornig und konnte schrecklich in Wut geraten, dann wurde geschrien, und es knallten die Türen; aber mehr geschah nicht. Er war überhaupt nicht nachtragend, und wir wußten alle, daß diese Zornausbrüche praktisch ohne Folgen blieben.

Welche Erinnerungen hast Du an Deine Mutter?

Sie war eine schöne, hochgewachsene und elegante Frau.

Und wie war ihr Wesen?

Sentimental und ängstlich; sie hing sehr an ihren Kindern, obwohl sie manchmal auch recht taktlos sein konnte.

Kannst Du Dich auch an die Familie Deines Vaters erinnern?

Papà war der Jüngste unter den Geschwistern; doch, nein, das stimmt nicht ganz, nach ihm kam ja noch Tante Amelia. Die Älteste war Elena, aber sie lebte schon nicht mehr, als wir zur Welt kamen. Ein Bruder meines Vaters war Senator; er war ein sehr gebildeter und intelligenter Mann. Ich weiß noch, wie wir ihn oft in seinem großen, mit Büchern vollgestellten Arbeitszimmer aufsuchten, wo auch ein herrlich großer Globus stand. Mein Vater hatte erst mit vierzig Jahren geheiratet, so daß er bereits weiße Haare hatte, als ich ihn bewußt wahrzunehmen begann. Nur seinen Schnurrbart färbte er sich immer blond. Einmal entdeckten wir sein Färbemittel im Badezimmer und schütteten uns vor Lachen aus. So zerstreut und ungepflegt wie er sonst herumlief, so eitel war er auch und färbte sich seine Schnurrbarthaare.

Wie verlief Euer Leben in der Via Sgambati?

Wir hatten ein schönes Haus, das geräumig und bequem war und einen Garten voller Blumen hatte.

Kannst Du Dich noch an die mit kleinen weißen Rosen bewachsene Laube, das ›berceau‹, erinnern?

An das ›berceau‹ ja, aber nicht an die Rosen. Außer dem Garten war da noch eine große Terrasse, die zur Villa Borghese hin lag.

Alberto hat geschildert, wie er als Kind zum Lesen immer in diese Laube gegangen ist. Verirrtest Du Dich auch manchmal dorthin? Und was tatest Du, wenn Du ihn vertieft in die Lektüre dort antrafst?

Gewöhnlich ließ ich ihn in Ruhe, wenn ich sah, daß er las. Oder aber ich setzte mich dazu und las auch.

Wer hat eigentlich Eure Familie im wesentlichen geprägt, Eure Mutter oder eher Euer Vater?

Ich denke, es war im wesentlichen meine Mutter, die das Gesicht unserer Familie geprägt hat, denn mein Vater lebte weitgehend zurückgezogen in seinem Arbeitszimmer, nachdem er aufgehört hatte zu arbeiten; aber auch in der Zeit vorher war er den größten Teil des Tages außer Haus, besonders wenn er mehrere Baustellen zu beaufsichtigen hatte.

War der Umzug von der Via Sgambati in die Via Donizetti von besonderer Bedeutung für Eure Familie? Weißt Du, warum Dein Vater diesen Wechsel der Häuser beschlossen hat? Alberto vertritt ja die Auffassung, daß das Haus in der Via Donizetti luxuriöser und der Umzug deshalb ein Schritt zu größerem Wohlstand gewesen sei. Wie habt ihr Kinder diesen Wechsel erlebt?

Wir Kinder waren damals noch ziemlich klein. Im übrigen begann Alberto bald darauf, wegen seines Beinleidens monatelang das Bett zu hüten, auch wenn er sofort aufstand und im ganzen Haus mit uns herumtobte, sobald meine Mutter einmal fortgegangen war. Das Haus in der Via Donizetti war aber nicht luxuriöser, nur größer war es, doch wir Kinder waren immerhin zu viert und wuchsen heran.

Beschreib mir doch kurz Euer erstes Haus in der Via Sgambati.

Es bestand aus zwei Etagen: da war das Erdgeschoß mit Garten und die erste Etage mit der Terrasse. Zu ebener Erde befanden sich das Eßzimmer, der Salon und vielleicht auch noch ein Arbeitszimmer meines Vaters. Im ersten Stock lagen die Schlafzimmer und das Spielzimmer. Vor dem Abendessen, daß weiß ich noch, mußten wir immer das Spielzimmer aufräumen, und Bisé hielt uns an, den großen Kokosteppich, auf dem sich so leicht Fädchen und Papierschnippsel festsetzten, zu säubern.

Wer war Bisé?

Die französische Gouvernante, Mademoiselle Durand.

Mußtet Ihr alle das Spielzimmer in Ordnung bringen oder nur Ihr Mädchen?

Nur wir Mädchen.

Und wie sah die Villa in der Via Donizetti aus?

Sie war geräumiger und bestand aus Souterrain, Hochparterre und erster Etage. Unten waren die Küche, das Zimmer des Hausmädchens und ein großes Arbeitszimmer meines Vaters; über einige Stufen gelangte man in den Garten. Das Arbeitszimmer diente bei Bedarf als Krankenzimmer, wenn eines von uns Kindern eine ansteckende Krankheit hatte, wie Masern oder Windpocken. Im Hochparterre besaß mein Vater ein weiteres Arbeitszimmer, außerdem befanden sich dort das Eßzimmer und zwei Salons. Im ersten Stock dann die Schlafzimmer: ein schönes großes für Alberto, ein kleines für Gastone und jeweils eins für mich, Elena und die Eltern.

Wie sah das Stadtviertel zu jener Zeit aus?

Die Via Donizetti war damals fast auf dem Lande. Eines Tages ließ sich Mammà von einem Droschkenkutscher nach Hause bringen, der zu ihr sagte: »Signò, jetzt gehts wohl in den schwarzen Wald.« Ringsum gab es Kornfelder, und in der Frühe zogen die Hirten mit ihren Schafen vorbei. Am Ende der Straße standen ein paar Wohnblocks für Angestellte, am Anfang die Villen, während der mittlere Teil noch nicht bebaut war. Unsere Villa wurde, glaube ich, während des Krieges, in den Jahren 1915 bis 1918 gebaut. Papà erzählte mir, er hätte vorgehabt, einen hängenden Garten anzulegen, der aber viel zu kostspielig geworden wäre, so daß er den Plan wieder aufgeben mußte.

Alberto hat erzählt, daß das Familienleben für ihn unerträglich gewesen sei. Ist dies auch Deine Meinung?

Nein, unser Familienleben war nicht wirklich unerträglich, das sehe ich nicht so. Als ich noch kleiner war, kam mir vielleicht nicht so zu Bewußtsein, wie spießbürgerlich und vielleicht auch langweilig unsere Familie war; aber als ich dann größer wurde, fiel es mir nicht schwer, mich von dieser Art der Wirklichkeit freizumachen und mehr in Phantasiewelten zu leben; außerdem hatte ich ja Freunde und Freundinnen.

Ja, genau die fehlten Alberto. Woran lag es eigentlich, Deiner Meinung nach, daß Alberto keine Freunde hatte?

Vielleicht, weil er als Kind ein Einzelgänger war, vielleicht auch, weil er so lange Zeit ans Bett gefesselt war.

Weißt Du noch, wie Alberto krank wurde?

Ja, er wurde krank, als er etwa neun war. Er mußte dann sechs Monate lang fest im Bett liegen, bis er wieder aufstehen konnte; nachdem es ihm besser ging, konnte er problemlos sechs Monate oder auch ein Jahr lang umherlaufen, bis sich sein Zustand erneut verschlechterte. Zum Schluß hatte er, das weiß ich noch, fürchterliche Schmerzen, und es wurde Doktor Ferraresi, ein damals berühmter Orthopäde in Rom, gerufen. Der sprach von einem Bekkenschiefstand und legte ihm einen Gipsverband an. In der Zeit schlief ich neben ihm, und ich erinnere mich, wie er die ganze Nacht lang vor Schmerzen stöhnte.

Wie hast Du die Krankheit Deines Bruders erlebt?

Für mich war es eine qualvolle Zeit. Ich hörte sein Klagen, sah, wie er bis auf die Knochen abmagerte, weil er nichts mehr zu sich nahm, seine Hände waren schon ganz durchscheinend.

Weshalb nahm er keine Nahrung zu sich, aus Appetitlosigkeit, aus Protest oder weil er zu schwach war?

Er konnte einfach vor Schmerzen nicht essen; seine fürchterlichen Schmerzen hatten ihn völlig zermürbt. Endlich erschien Tante Amelia Rosselli und überredete Papà, Alberto nach Bologna bringen zu lassen. Ich höre noch, wie Putti, als er Alberto sah, mit der Faust auf den Tisch schlug und sich ereiferte: »Ach was Beckenschiefstand, das ist Knochentuberkulose!« Er nahm ihm den Gips ab und lieferte ihn sofort in Cortina in das Sanatorium Codivilla ein. Dort wurde sein Bein mit Gewichten beschwert, und dank dieser Ruhestellung konnte Alberto endlich von seinen Schmerzen befreit werden.

War er auch schon vor seiner Krankheit so in sich gekehrt und einzelgängerisch, wie er sich selbst zu erinnern meint?

Nein, er war bestimmt fröhlicher, aber ein Einzelgänger war er immer schon.

Warum eigentlich?

So war eben sein Charakter, denke ich mir.

Ist Eure französische Gouvernante, die Durand, wichtig für Euch Kinder gewesen? Woran kannst Du Dich bei ihr noch erinnern, außer daß sie Euch das Spielzimmer aufräumen hieß?

Bisé? – die war sympathisch und verrückt.

Was meinst Du mit verrückt?

Na ja, sie war eine ältliche, etwas seltsame Französin. Als es zur Kriegserklärung kam, rieb sie sich die Hände, ich sehe sie noch vor mir, und rief aus: »Il y aura la guerre, il y aura la guerre!«

Hatte sie zu Euch ein herzliches Verhältnis?

Als Gastone geboren wurde, ging sie für einige Monate fort, mit der Begründung, sie wollte nicht noch mehr Kinder haben: »ça suffit«, murmelte sie vor sich hin. Aber dann kehrte sie doch wieder zurück, denn ohne uns hielt sie es gar nicht aus. Und dann gewann sie Gastone ganz besonders lieb; sie trug ihn sogar im Schultertuch bei sich wie eine Puppe.

Wie hat Alberto reagiert, als sein kleiner Bruder zur Welt kam?

An eine besondere Reaktion von ihm erinnere ich mich nicht, aber mir scheint, daß es damals einige Verwunderung und auch Neugier auf diesen Neuankömmling gab.

In Eurem Spielzimmer stand ein Kindertheater. Hast Du auch manchmal mit ihm gespielt?

Alberto hatte meine Mutter um ein Puppentheater gebeten, und natürlich wurde ihm sein Wunsch sofort erfüllt. Damals war er schon krank. Manchmal rief er uns zu sich, und dann sollten wir seine Zuschauer sein: Wir mußten uns vor sein Bett setzen, und dann begann er die Marionetten an ihren Drähten zu bewegen.

Er spielte also für Euch Theater, als er im Bett lag, habe ich das richtig verstanden?

Ja, er dachte sich irgendwelche Geschichten aus und machte das richtig gut. Aber plötzlich, mitten im Spiel, hatte er alles satt und schmiß die Marionetten hin. Da ich aber wissen wollte, wie die Geschichte zu Ende ging, protestierte ich; trotzdem kam er nie bis zum Ende einer Geschichte. Auch malte er gern die einzelnen Bühnenbilder. Ich kann mich noch an ein sehr schönes erinnern, das eine Anzahl immer kleiner werdender Bögen zeigte, die den Eindruck der Entfernung hervorriefen: Es stellte einen Thronsaal dar.

Welche Geschichten erzählte er denn mit seinen Marionetten?

Sie handelten von Prinzen und Königen, von Schwertergeklirr und dramatischen Auftritten. Aber dann warf er plötzlich alles hin. Manchmal kam eine Freundin zum Spielen zu uns und durfte bei Albertos Theateraufführungen zuschauen. Doch auch sie wollte unbedingt wissen, wie die Geschichten ausgingen. Da reagierte er aber richtig mürrisch und wurde ganz ungezogen zu ihr. Eines Tages fragte sie ihn dann: »Was willst Du denn machen, wenn Du groß bist?«, darauf sagte er: »Romanschriftsteller«. Daran kann ich mich noch ganz genau erinnern: Er schien sich dessen ganz sicher.

Hing Alberto als kleines Kind mehr an seiner Mutter oder an seinem Vater?

Er liebte seine Mutter innig. Für Papà empfanden wir zwar alle große Achtung: Er war ein gutherziger, feiner und empfindsamer Mensch, und zudem ein Künstler, aber es bestand kein richtiges Vertrauensverhältnis zu ihm. Er konnte seine Gefühle so gar nicht zeigen, brauste wegen nichts und wieder nichts auf, und schließlich tat doch jeder, was er wollte. Außerdem war Papà, als wir ihn bewußt wahrzunehmen begannen, auch schon recht abgearbeitet, war immer auf den Beinen und immer in Eile. Ich höre ihn noch, wie er zum Mittagessen nach Hause kam und uns zurief: »Schnell, schnell – ich muß gleich wieder gehn.« Kaum hatte er gegessen, rannte er auch schon wieder los.

Aber er hat dann doch aufgehört zu arbeiten. Alberto meinte, daß seine Architektur mittlerweile veraltet war, während Deine Mutter eher seinem unfreundlichen Charakter das Ausbleiben der Kundschaft zuschrieb.

Ich denke, er hat aufgehört zu arbeiten, weil er keine Lust mehr hatte. Vielleicht war er aber auch nicht mehr gefragt, das ist schon möglich. Aber er hatte unglaublich viel geschafft und war unter den Architekten derjenige mit den meisten Aufträgen. Trotzdem verdiente er nicht übermäßig, weil er seine Arbeit nicht gut organisieren konnte, nicht geschickt genug war und außerdem viel zu ehrlich. Als er sich mit einem anderen Bauherrn, einem gewissen De Paolis zusammentat, verdiente er weit besser. De Paolis hatte ihn sich geholt, weil er selber kein Ingenieur war und daher keine Baupläne unterzeichnen durfte. Später, als De Paolis aufhörte – ich weiß allerdings nicht, wie es dazu kam – hat auch mein Vater aufgehört.

Kannst Du Dich noch an die Malagodis, die Mieter über Euch, erinnern?

Um ehrlich zu sein, nur an Andrea Busiri Vici, der über uns wohnte, aber nicht an die Malagodis. Doch vielleicht haben beide dort gewohnt, zu unterschiedlichen Zeiten. Andrea Busiri kam hin und wieder zu uns herunter und las uns aus einem Buch von Salgàri vor. Als es am spannendsten wurde, ging er fort und nahm das Buch mit. Ich rief von unten: »Andrea! Komm doch runter, vorlesen!« er aber hörte mich nicht.

So wie Alberto mit seinen Marionetten. Das war wohl schon eine

Art Gewohnheit, Dich mitten in der Erzählung sitzenzulassen. Wie reagiertest Du darauf?

Ohne besonderen Groll: Als ich größer war, las ich eben selber Salgàris Bücher.

Was machte Deine Mutter zu Hause?

Sie war eine rührige Frau; zwar konnte sie nicht kochen und auch vieles andere nicht, aber sie kümmerte sich selbst darum, daß im Haushalt alles seinen richtigen Gang nahm. Unsere Großmutter, ihre Mutter, war sehr reich gewesen; sie hieß Adelaide Piccinini und hatte einen verarmten Adeligen geheiratet. In den ersten Jahren ihrer Ehe soll sie im Haus noch eine Schleppe getragen haben, hat sich dann aber den veränderten Lebensgewohnheiten angepaßt. Sie hat sieben Kinder auf die Welt gebracht. Obwohl sie sämtliche Zähne verloren hatte, wollte sie sich kein Gebiß machen lassen. Ich weiß noch, wie ich bei einem Besuch zu ihr sagte: »Großmütterchen, du bist ja so alt, mindestens dreihundert Jahre alt.« Als junge Frau war sie sehr energisch mit ihren Kindern umgegangen. Sie schloß sie in einem Zimmer ein und erklärte: »Ich werde euch erst dann öffnen, wenn ich das Blut unter der Tür herausfließen sehe.« Sie starb mit fünfundsiebzig Jahren.

Kannst Du Dich auch noch an den Großvater erinnern?

Mit ihm gingen wir manchmal in die Parkanlagen. Er war ein schlanker, kräftiger Mann, der die Treppen immer zu Fuß hinaufstieg, bis zuletzt; er starb im Alter von sechsundneunzig Jahren.

Als Alberto in die Tasso-Schule ging, welche Schule besuchtest Du zu der Zeit?

Auch ich ging in die Tasso-Schule, wir sind sogar ein Jahr lang in dieselbe Klasse gegangen. Aber Alberto konnte den Unterricht nur höchst selten besuchen, weil er die ganze Gymnasialzeit über krank war. Er mußte auf dem Arm in die Klasse getragen werden, um dort die Prüfungen abzulegen.

Dann wirst Du Dich sicher an den Lehrer Tambroni erinnern?

Ja, er war ein ganz vernünftiger Mann, aber Alberto konnte ihn bis zur Weißglut bringen. Seine Aufsatzhefte bemalte er immer mit lauter Männchen; er schrieb viel, ja ganze Hefte voll, aber jede Seite war umrahmt mit Gesichtern, Nasen, Köpfen, Augen. Eines Tages nahm ihm der Lehrer das Heft weg und warf es mitten in die Klasse. Zusammen mit dem Heft flogen ihm aber die Manschetten davon; und die ganze Klasse bog sich vor Lachen.

Gingen nicht auch Eure Cousinen in die Tasso-Schule?

Anna, die ältere der beiden Cousinen Capon, war ein gutmütiges und recht einfaches Mädchen; Lalla dagegen, die später Enrico Fermi heiraten sollte, war fleißiger, schon eher eine Streberin.

Und kannst Du Dich auch an den Lehrer erinnern, der Alberto Unterricht gab, als er krank zu Hause lag?

Ja, das war Crescimanno, Fürst von Lampedusa. Er sah aus wie Don Quichotte, so mager war er, mit seinem kleinen Spitzbart und einer riesigen Nase; dazu trug er rote Samtwesten, die mit aufgestickten Goldlilien verziert waren. Zu meinem Vater, den er auf der Treppe traf, wenn er nach dem Unterricht von Alberto herunterkam, sagte er: »Euer Sohn weiß mehr als ich, mehr als ich weiß er.« Und wirklich, Alberto war unglaublich bewandert. Ich weiß noch, wie er den *De bello gallico* in die Hand nahm und auf Anhieb übersetzte. Er las Unmengen von Büchern; von der Viessieux-Bibliothek in Florenz, bei der er Abonnent war, ließ er sich jede Woche sechs, sieben Bücher kommen.

Eins pro Tag.

Ja, solange er im Bett lag, las er nur. Und mir kam diese Flut von Büchern wie gerufen, denn ich las auch immerzu: Neben englischen und französischen Titeln kann ich mich noch gut an zahlreiche russische Bücher erinnern.

Unterhielt er sich denn mit Dir über das, was er gelesen hatte?

Hin und wieder schon, aber eigentlich selten; er gab mir eher Ratschläge, was ich lesen sollte. Trotzdem waren wir nicht sehr vertraut miteinander; er war ja so unglaublich scheu. Aber ich verhielt mich übrigens auch übertrieben schüchtern ihm gegenüber; und selbst heute noch fühle ich mich im Umgang mit ihm wie eingeschüchtert. Ich weiß noch, wie während eines Abendessens bei Pasolini das Gespräch auf *Doktor Schiwago* kam und Alberto fragte, wer denn das Buch gelesen hätte. Alle verneinten das, nur er hatte es auf englisch gelesen. Ich selbst hatte es sogar zwei Mal gelesen, wagte aber nicht, es laut zu sagen.

Und welche Einstellung hatte er zu Deiner Malerei? Sah er sich Deine Bilder an, sagte er etwas dazu und übte er auch Kritik?

Wenn er in mein Atelier kam, überhäufte er mich mit Kritik, er war von einer geradezu unerbittlichen Strenge; aber gegenüber Freunden, so erfuhr ich, äußerte er sich anerkennend über meine Arbeit.

Nach Albertos Schilderungen zu urteilen, war Eure Familie eine jener wurzellosen Familien, der es nie gelungen ist, in der römischen Gesellschaft wirklich Fuß zu fassen. Hast Du diesen Zustand des Unbehagens auch so deutlich verspürt oder teilst Du diesen Eindruck nicht?

Es stimmt, unsere Familie war wie wurzellos, aber mein Vater in seiner hinterwäldlerischen Art tat auch gar nichts, um aus dieser mißlichen Lage herauszukommen.

Kannst Du Dich noch an bestimmte Freunde Deiner Eltern erinnern? Gingen sie manchmal gemeinsam zum Abendessen aus oder luden auch mal Gäste zu sich nach Hause ein?

Eines Abends zogen sie sich beide piekfein an und machten sich auf den Weg zu einem Fest, doch trafen sie niemanden an: Mein

Vater hatte nämlich in der Tasche seines Smokings eine Einladung gefunden, aber nicht bemerkt, daß die schon ein Jahr alt war.

Und dann diese Geschichte mit den Hausmädchen… Wie war denn das, warum wechselte Deine Mutter so oft die Hausangestellten?

Ich weiß es auch nicht. Es war wohl eine fixe Idee von ihr; aber keine von ihnen konnte es ihr recht machen: Mal war sie ihrer überdrüssig, und ein andermal hatte sie sich geärgert. Allerdings ist eine Köchin aus Bologna, Elvira, ziemlich lange bei uns geblieben, sie war richtig sympathisch. Da gab es noch die Geschichte mit einem Doberman, den sich meine Mutter hielt. Dieser Hund, der im übrigen eine Hündin war, hatte eines Tages eine Menge Welpen geworfen; Elvira, höchst verärgert, ging daraufhin hoch zu meiner Mutter und erklärte ihr protestierend: »Das ist ja hier ein großer Sauhaufen.«

Konnte Elvira gut kochen?

Ja, sie war eine tüchtige Köchin, und ich glaube, sie ging von sich aus fort, um zu ihrer Familie zurückzukehren. Auf jeden Fall blieben die Köchinnen in der Regel länger bei uns. Eine andere Köchin namens Vera war Deutsche. Ich weiß noch, wie ich eines Tages zu ihr ging und sie bat: »Bring' mir das Kochen bei, ich will demnächst heiraten und werde mir keine Köchin halten können.«

Ließ sich Deine Mutter überhaupt in der Küche blicken?

Von Küchendingen verstand sie wenig, vielleicht interessierte sie sich auch nicht dafür. Sie war auch überhaupt nicht naschhaft.

Während Dein Vater heimlich in die Küche ging, so erzählt jedenfalls Alberto, und die Tomatensauce mit einem Stückchen Brot vorkostete. Wirkte sein etwas unkultivierter und kindischer Umgang mit dem Essen auch auf Dich so abstoßend?

Abgesehen von dieser Marotte, ein Stück Brot in den kochenden Sugo einzutunken, war mein Vater ein äußerst bescheidener Mensch und in keiner Weise naschhaft; er aß auch nicht besonders viel und war sehr schlank.

Kannst Du Dich noch an bestimmte Mahlzeiten im Familienkreis mit anderen Verwandten erinnern?

Manchmal kamen sonntags die Geschwister meiner Mutter zu uns oder ein Cousin, doch verband uns nicht viel miteinander. Gelegentlich waren die Cousinen Capon bei uns; der Vater diente damals als Schiffskapitän bei der Marine. Und manchmal gingen wir sonntags zu ihnen nach Haus, sie waren vier Geschwister, drei Mädchen und ein Junge; bei ihnen gab es eine Schaukel und ein Bassin mit Goldfischen, ihre Bücher dagegen hielten sie in der Bibliothek fest unter Verschluß.

War Alberto bei diesen Besuchen dabei?

Er kam nicht gern mit, und sobald er konnte, verdrückte er sich.

Was hielt Dein Vater eigentlich von Deiner Malerei?

Als ich zu malen anfing, hat er mich zur Biennale nach Venedig mitgenommen. Durch ihn habe ich Matisse kennengelernt und die moderne Malerei.

War er sofort damit einverstanden, daß Du von Beruf Malerin werden wolltest? Oder dachte er, Du würdest so wie er nur zu Deinem Vergnügen malen?

Ich habe ihm zu Anfang nicht gesagt, daß ich malte. Als Kind war mir das Malen sogar verboten worden, warum weiß ich nicht. Eines Tages beim Anblick der Zeichnungen von Diocleziano De Campo (später Direktor der Vatikanischen Museen, heute im Ruhestand) habe ich zu Diocleziano gesagt: »Wie ich Dich beneide, Diocleziano!« Woraufhin er mir zur Antwort gab: »Warum probierst Du es nicht auch?« So fing ich an zu malen, gewissermaßen hinter dem Rücken meines Vaters.

Warum konntest Du ihm das nicht sagen?

Weil er behauptete, wir würden die verschiedensten Vorhaben anfangen, ohne sie dann zu Ende zu bringen.

Und was hat Deine Mutter dazu gesagt?

Ja, ihr habe ich es gesagt, und sie hat mich sofort zu einem Zeichenlehrer geschickt, einem gewissen Petrucci, der eine Zeichenschule für junge Mädchen leitete. Bei ihm habe ich angefangen; aber man ließ uns dort nur Köpfe zeichnen.

Willst Du damit sagen, daß es jungen Damen verboten war, den Körper zu malen?

Direkt verboten war es nicht, aber es gab keine Modelle, und so standen wir uns gegenseitig Modell für unsere Portraitzeichnungen. Dann zeigte Mammà meine Zeichnungen auch Papà, und er ermutigte mich weiterzumachen: »Nimm einen Kohlestift oder einen Bleistift und zeichne weiter so.« Später bin ich zum Aktzeichnen in die *Accademia di Francia* gegangen und habe die Schule in der Via Ripetta besucht. Zu der Zeit waren auch Scipione und Mafai dort; letzterer wurde kurz darauf wegen »schlechten Benehmens« von der Schule gewiesen. Ich entsinne mich nicht mehr aus welchen Gründen, es können durchaus politische gewesen sein. Scipione war mir sehr sympathisch; beim Zeichnen hatte er seinen Platz hinter mir. Der einzige Ofen im Raum stand in der Nähe des ausgekleideten Modells; es war eiskalt, und ich hatte eine alte Jacke aus rotem Tuch mit Goldknöpfen an. Scipione sagte eines Tages zu mir: »Wenn Du die nicht ablegst, seh' ich nur noch rot.« Aber ich konnte sie doch nicht ausziehen, es war zu kalt. Mafai habe ich dann später näher kennengelernt, unabhängig von der Schule. Er war ein recht eigenartiger Mensch. Er hatte ein Talent, sich über alles hinwegzusetzen, einfach zu komisch: Als zum Beispiel einmal seine Jacke einen Flecken abbekommen hatte, umrandete er ihn farbig mit dem Pinsel, um ihn »harmonisch« abzustimmen — so sein Kommentar. Als Maler habe ich ihn immer sehr gemocht in seiner einfühlsamen und raffinierten Art mit Farben umzugehen. Später befreundete ich mich auch mit seiner Frau, Antonietta Raphael, auch sie eine sehr begabte Malerin und Bildhauerin.

Soweit ich verstanden habe, war Dein Vater Dir besonders zugetan. Mit Dir hat er Dinge unternommen, die er nie, weder mit Alberto noch mit den anderen, gemacht hat. Worauf würdest Du seine besondere Zuneigung zurückführen?

Vielleicht weil wir uns ähnlich waren, vielleicht war es auch die gemeinsame Vorliebe für die Malerei.

Alberto hat unter dem Mangel an Verständigungsmöglichkeiten mit dem Vater offenbar gelitten. Ob dieses Verhältnis an der beiderseitigen Schüchternheit gelegen haben mag?

Auch wir tauschten uns kaum miteinander aus, trotz aller Zuneigung, aber wohl etwas mehr als mit Alberto. Wie auch immer, unser Vater war wirklich sehr scheu und hatte eine muffelige Art, daran war nichts zu ändern. Doch er versuchte auf jede Weise, Alberto alle Wünsche zu erfüllen, das bestimmt.

Glaubst Du wirklich, daß Dein Vater ein völlig unbeschwertes Verhältnis zu seiner jüdischen Herkunft hatte, so daß er sie einfach vergessen konnte, oder distanzierte er sich in irgendeiner Weise von dieser Vergangenheit?

Er selbst hat nie darüber gesprochen, während meine Mutter Wert darauf legte, daß wir als Katholiken erzogen wurden. Er ließ sie in dieser Hinsicht machen, da er selber nicht gläubig war.

Bevorzugte Deine Mutter eines von Euch Kindern?

Sie verstand sich nicht sonderlich gut mit Elena, warum, das entzieht sich meiner Kenntnis. Jedenfalls stritten beide häufig miteinander. Sie hatte, wie bei Müttern oft der Fall, eine unverkennbare Vorliebe für ihre männlichen Kinder, vor allem für Gastone, der ihr ein und alles war.

Kommen wir also zu Gastone. Wie erklärst Du Dir, daß er eine so geringe Rolle in Albertos Gefühlswelt gespielt hat? Entweder spricht er nicht von ihm oder er behauptet, sich an nichts mehr erinnern zu können.

Gastone war noch ein Baby, als Albertos Krankheit anfing, so daß er vielleicht aus diesem Grund wenig Umgang mit seinem Bruder gehabt hat. Dabei hat Gastone einen wichtigen Platz in unserem Familienleben eingenommen. Er hatte einen angeborenen Sinn für Harmonie und Ausgewogenheit und war wie die baumstarke Achse, um die sich das Familienkarussell drehte. Kräftig gebaut und von einer natürlichen Freundlichkeit, war er ein gutherziger und stets bereitwilliger Junge. Alberto wollte immer mit ihm boxen, zum Beispiel nach den Mahlzeiten, während Gastone sich aber lieber ausruhen wollte. Sie waren eben grundverschieden.

Und wie sah es bei Gastone aus, liebte er Alberto?

Sehr sogar, er bewunderte ihn ohne Einschränkungen. Einmal hörte ich beide diskutieren: Gastone sagte, er wolle nicht in die faschistische Partei eintreten, während Alberto ihm entgegenhielt, daß er ohne diese Mitgliedschaft kaum an der Universität studieren könne. »Du hast doch aber auch viel erreicht ohne Universität«, erwiderte Gastone darauf. Er hatte fast eine Art Unterlegenheitsgefühl gegenüber dem größeren Bruder.

Besuchte er später die Universität?

Ja, und wurde anschließend Ingenieur. Dann kam er als Soldat nach Afrika, in die syrtische Wüste, in die Nähe von Tobruk, machte schreckliche Zeiten durch und litt Hunger. Er war Leutnant, hatte gerade seinen Universitätsabschluß gemacht und sich darauf spezialisiert, Minen zu entschärfen; noch dazu war er der einzige Ingenieur, allein mit einem Haufen einfacher Soldaten, so daß er sich um alles kümmern mußte. Er hatte die Aufgabe, Minenfelder bei Tobruk anzulegen. Dann eines Tages bekam er den Befehl, die Felder zu kontrollieren, die gerade bombardiert worden waren. Mit ihm zusammen war ein Neunzehnjähriger, der von Minen keine Ahnung hatte. Und ehe er sich versah, setzte der Soldat einen Fuß auf solch ein Geschoß. Gastone sah es noch rechtzeitig und gab ihm einen Stoß, der ihn rettete. Aber er selber wurde im Rücken getroffen. Der andere trug ihn auf den Armen in die Krankenstation, wo er kurz darauf starb. Daraufhin schrieb der junge Mann einen Brief an meine Mutter, in dem stand, daß er, als er ihn auf seinen Armen trug, mitangesehen habe, »wie das Licht in seinen Augen erlosch.« Gastone war der großzügigste Mensch, den ich je gekannt habe. Für seine Freunde tat er Dinge wie kein anderer.

Wie hat Deine Mutter die Todesnachricht aufgenommen?

Sie war wie benommen, es war ein schwerer Schlag für sie, kaum zu beschreiben, wie tief ihr Schmerz war, von dem sie sich nie wieder richtig erholen sollte.

Und Alberto, wie hat er die Nachricht aufgenommen?

Als er erfuhr, wie sich alles zugetragen hatte, sah ich ihn in Tränen ausbrechen. Es war das einzige Mal, daß ich ihn weinen sah. Gastone ist am 30. September 1941 gestorben. Ich selber hielt mich zu der Zeit in Bologna bei Freunden auf. Ich rauchte gerade eine Zigarette und mußte plötzlich weinen, ohne zu wissen warum. Später habe ich dann rekonstruieren können, daß an diesem Tag und in dieser Stunde mein Bruder im Sterben gelegen hat.

Hatte er Dir, ehe er starb, aus Afrika geschrieben?

Ich bekam sehr oft Post von ihm. Er beschrieb das schreckliche Leben, das sie dort führen mußten, sie hatten nichts und waren von aller Welt verlassen. Manchmal sprach er auch von der Heimkehr und schrieb: »Wer weiß, was ich überhaupt anfangen soll, wenn ich zurück bin? Vielleicht werde ich nach Brasilien gehen.« Ein brasilianischer Freund, mit dem er die Hochschulprüfungen abgelegt hatte, hatte ihm von den vielen Arbeitsmöglichkeiten in seinem Land erzählt. »Aber was werde ich mit Mammà machen, sie hängt so an mir«, fuhr er fort.

War Dein Vater auch so tief erschüttert?

Als Gastone starb, hatten bei meinem Vater die Geisteskräfte schon nachgelassen, er war krank, litt unter Erinnerungslücken, er konnte sich an nichts mehr erinnern. So haben wir ihm nichts gesagt. Aber er bemerkte von sich aus: »Was hat Mammà? Ich finde, sie sieht traurig aus.« Wir antworteten ihm, daß sie müde wäre. Dann, eines Tages, sagt irgendeine Idiotin zu ihm: »Ach, Sie Ärmster, Herr Ingenieur, der arme Gastone.« Daraufhin hatte er einen Zusammenbruch, vergaß aber bald wieder alles. Mammà hatte eine Photographie von uns vier Kindern, und oftmals fragte er: »Wer ist das?« »Das sind Deine Kinder, Papà.« »Ach was, meine Kinder, alle die da!« Oder er vergaß die Namen und sagte dann: »Die, die den Riesenkopf geheiratet hat.« Mein Mann, Onofrio, war nämlich hochgewachsen und stämmig und hatte einen großen Schädel.

Woran litt Dein Vater?

Er ist 1944 an Arteriosklerose gestorben, nachdem er sein ganzes Leben lang auch nicht einen Tag krank gewesen war.

Bekam er jemals Schwierigkeiten mit dem faschistischen Regime wegen seiner jüdischen Abstammung?

Elena hatte seinerzeit um eine Unterredung mit dem Polizeipräsidenten nachgesucht, und der hatte ihr versichert: »Wenn Gefahr besteht, sage ich Ihnen Bescheid.« Eines Tages rief er sie an und teilte ihr mit: »Signorina, es wird besser sein, wenn Sie ihren Vater fortbringen, weil sie ihn möglicherweise holen kommen.«

In seinem kranken Zustand?

Ja, der Polizeipräsident bestand darauf. Und Elena brachte ihn in eine Klinik außerhalb von Rom.

Auch Alberto mußte ja zu der Zeit fliehen.

Alberto war in der Tat damals schon in den Bergen oberhalb von Fondi. Ich hielt mich in Vallombrosa auf, in dem Haus der Berensons, zusammen mit den Colacicchis, während Berenson selbst in dem Landhaus der Serlupis in der Nähe von Florenz untergetaucht war.

Also hat sich praktisch die ganze Familie wegen der neu erlassenen Rassengesetze verstecken müssen: Ihr selber habt Eurer jüdischen Abstammung keine große Bedeutung beigemessen, der Faschismus aber sehr wohl.

Ich war deswegen sogar im Gefängnis.

Wie kam es dazu? Erzähle mir bitte davon, auch wenn es vor der Zeit liegt, die wir gerade besprechen.

Ich war mit Nello Rosselli befreundet, und wir sahen uns oft. Er erzählte mir viel von seinem Bruder Carlo, der in Paris lebte. So fuhr ich nach Paris, zusammen mit meiner Mutter, die übrigens dort ein Goldtäschchen verkaufte, um die Geldsumme, die Papà uns gegeben hatte, aufzubessern.

In welchem Jahr war das?

1933. Wir wohnten im ›Hôtel des Pyramides‹, meine Mutter und ich. Ich kann mich noch an die große Statue von Jeanne d'Arc auf dem Platz gegenüber erinnern. Wir verbrachten die ganze Zeit zusammen, und ich schleppte meine Mutter in die Museen, die Galerien und in die Studentenlokale. Außerdem lernte ich Carlo Rosselli kennen und Marion, seine Frau. Bei ihnen habe ich Mario Levi, den Bruder von Paola Olivetti, wiedergesehen, wir kannten uns schon aus Turin und wurden Freunde.

Das war also die Welt der italienischen politischen Flüchtlinge im Exil. Wie lebte es sich dort?

Die Rossellis habe ich damals nur wenige Male getroffen und von den politischen Größen habe ich niemanden kennengelernt; ich war nur wenige Tage dort, etwa zwei Wochen lang.

Und das Gefängnis?

Nach meiner Rückkehr in Rom ging alles weiter wie zuvor. Aber eines Morgens ruft mich Adriano Olivetti an und sagt mir: »Ich komme vorbei und sehe mir Dein Atelier an.« Der muß verrückt sein, denke ich bei mir, doch nicht um acht Uhr morgens! Er kam dann und sagte: »Stell dir vor, sie haben alle verhaftet.«

Wer ist »alle«?

Mario Levi und seine Freunde. »Wenn Du irgend etwas im Haus aufbewahrst, verbrenn' es«, fuhr er fort. Dann erfuhr ich, daß Mario sich retten konnte, indem er sich in der Nähe der Grenze in einen Fluß geworfen hat. Bald darauf schickte er mir aus Paris einige Gedichte von Baudelaire, um mir so mitzuteilen, daß er in Sicherheit war. Ich benachrichtigte sofort Alberto, der daraufhin Briefe und Bücher verbrannte. Am frühen Nachmittag kam dann auch die Polizei. Sie stellten das ganze Haus auf den Kopf und durchwühlten es.

War es die Villa in der Via Donizetti?

Ja; sie schlugen jedes Buch von Alberto und Gastone auf, so daß sie, als sie schließlich im Erdgeschoß angelangt waren, es satt hatten, Bücher durchzustöbern: Es waren einfach zu viele. Währenddessen war mir eingefallen, daß Alberto in einem Hohlraum zwischen zwei übereinanderstehenden Bücherregalen eine Pistole vom Typ Flobert versteckt hielt, eine Spielzeugpistole, die sie aber hätte stutzig machen können. Wir spielten manchmal mit ihr und schossen in die Luft.

In welchem Alter wart Ihr da?

Naja, kleine Kinder eben . . . Ich zitterte jedenfalls vor Angst, als sie sich auf dieses Versteck zubewegten, aber die Pistole war glücklicherweise nicht mehr an der alten Stelle. Und um den Rest kümmerten sie sich nicht mehr.

Was geschah dann?

Sie nahmen mich mit und sperrten mich ein in der Absicht, mich über meine Freunde in Paris zu verhören. Später erfuhr ich, daß Alberto und Mario Pannunzio, als sie mich nicht zurückkommen sahen, alle Polizeireviere nach mir absuchten. Inzwischen hielten sie mich erstmal bis Mitternacht fest, fast wäre ich eingeschlafen. Um Mitternacht begannen sie das Verhör, und ich hielt sie mit meinen Antworten zum besten.

Hattest Du denn keine Angst?

Nein, ich weiß auch nicht warum, aber ich spürte keine Angst.

Wonach fragten sie Dich?

Ob und wann ich die Rosellis gesehen hätte, und was sie machten.

Und Du?

Ich antwortete, daß wir Cousins seien, darauf der Polizist: »Eine saubere Verwandtschaft!« Und weiter fragte er mich, was sie in ihren Briefen schrieben, darauf ich: »Die habt ihr doch schon gelesen, was fragt ihr mich danach?« Zum Schluß wurde ihnen die Sache zu bunt, und sie schickten mich in das Frauengefängnis Le Mantellate. Drei Tage blieb ich dort, um mich herum schreiende Frauen. Am Abend des dritten Tages kam eine unscheinbare Schwester, die mir mitteilte: »Sie sind frei.« So kam ich wieder heraus; ich lief den Tiber entlang und genoß tiefatmend die Freiheit.

Was war inzwischen bei Euch zu Hause geschehen?

Ich fand meine Mutter in Tränen aufgelöst, während Alberto spöttelte: »Was hast Du mit dem Geld gemacht?«, fragte er, »Du hast es wohl dem Gefängniswärter dagelassen, hast ihm ein Trinkgeld gegeben, damit er Dich gehen läßt?«

Kanntest Du diese Art der Ironie schon an ihm?

Er war immer so zu mir, aber auch zu den anderen. Er legte eben Wert auf Distanz. Meine Mutter, die mich fern von Rom wissen wollte, fuhr mit mir nach Capri. Aber dann stellten wir fest, daß man uns auch dort observierte. Selbst noch im Zug war solch ein Beschatter. Und in Capri machte ich mit Absicht ausgedehnte Spaziergänge im Regen, damit er sich ordentlich anstrengen mußte.

Wie war im allgemeinen Deine Einstellung zu Albertos Büchern? Hast Du sie gemocht, konntest Du sie anerkennen, oder waren sie Dir unangenehm?

Ich weiß noch, als *Die Gleichgültigen* erschienen, war ich ganz erschüttert.

Wie meinst Du das?

Das Buch hat mir sehr gefallen. Es war ein Roman, dessen Werdegang ich verfolgt und auf den ich gewartet hatte, und er hat mich in seiner Aussagekraft und Schönheit auch tief beeindruckt.

Später dann, als Agostino *oder* Der Ungehorsam *erschienen, hast Du in diesen Büchern ein Stück Eurer gemeinsamen Kindheit wiedererkannt?*

Ja, in *Agostino* ist Viareggio so, wie ich es auch erlebt habe: Die Jungen, die Bäder, der Pinienhain, alles habe ich wiedererkannt.

Hast Du auch mit den dort beschriebenen Jungen gespielt?

Nein, Alberto ging immer seiner eigenen Wege, aber ich habe sie gesehen.

Und dieses zwiespältige Gefühl von Liebe und Abscheu, das der Junge Agostino seiner Mutter gegenüber verspürt, erinnert Dich das in irgendeiner Weise an den jungen Alberto?

Was die Liebe betrifft, ja. Alberto liebte seine Mutter innig. Und er brachte seine Gefühle deutlich zum Ausdruck, solange er klein war. Er gebärdete sich zwar oft recht quengelig, das ja, und sträubte sich mit Ausrufen, wie: »Mammà, nicht doch! Mammà, komm schon . . . !« Aber Gefühle der Ablehnung, nein, die hatte er nicht, so glaube ich wenigstens.

Wie hast Du ihn in dieser Zeit erlebt, war er glücklich oder nicht?

Die ersten Jahre, die wir in Viareggio verbrachten, war er glücklich. Später wurde er unglücklich, weil er erkrankte. Ich weiß noch, wie ich ihn manchmal an den Strand fast tragen mußte, aber meistens blieb er überhaupt im Bett. Papà mietete uns ein ganzes Haus, und so hielten wir uns manchmal drei, vier Monate dort auf, bis tief in den Oktober hinein.

Elena

DACIA *Wie war Alberto als Kind?*

ELENA Sehr lebhaft und immer in Bewegung.

War er zärtlich zu Dir?

Zärtlich war er eigentlich zu niemandem — schroff war er. Beim Spielen schlug er mir mit der Faust so kräftig auf den Arm, daß ich lauter blaue Flecke bekam. Auf jeden Fall hing er mehr an Adriana als an mir.

Habt Ihr Euch manchmal gestritten?

Nein, richtig gestritten nicht; er war, das muß ich schon sagen, ein rechter Einzelgänger und ließ uns links liegen.

Kannst Du Dich noch an das Haus in der Via Sgambati erinnern?

Kaum, so gut wie gar nicht. Ich war jünger als die anderen, und meine Erinnerungen beginnen erst mit der Via Donizetti. Ich sehe noch die Köchin Elvira, wie sie Alberto auf dem Arm die Treppen hinauftrug.

Kannst Du Dich noch erinnern, wie Albertos Krankheit anfing?

Nicht mehr genau, aber ich weiß noch, wie er im Bett lag und entweder las oder mit seinem Theater spielte.

Wie verhielt sich Dein Vater Dir gegenüber?

Wir fühlten uns alle befangen in seiner Gegenwart; vielleicht verstand er sich aber noch am besten mit Adriana. Zu mir war er jedenfalls streng und immer kurz angebunden. Ich weiß noch, wie er zur Mittagszeit nach Hause kam und rief: »Schnell, schnell – ich muß wieder gehn.« Wir mußten in fünf Minuten gegessen haben, und dann verschwand er wieder.

Und Deine Mutter?

Meine Mutter und ich hatten immer ein gespanntes Verhältnis, warum, weiß ich nicht. Um den Haushalt kümmerte sie sich wenig, dafür achtete sie sehr auf ihre Garderobe: Sie war die eleganteste Frau Roms. Aber mit uns gab sie sich wenig ab. Um es kurz zu sagen, mein Vater ebenso wie meine Mutter, jeder auf seine Art, überließen uns Kinder weitgehend uns selbst. Ich fühlte mich jedenfalls allein gelassen. Deswegen auch widme ich mich heute sehr meiner Tochter, weil ich nicht möchte, daß sie sich so verlassen fühlt, wie ich früher.

Und dennoch hast Du viele Jahre zu Hause mit Deiner Mutter gelebt, selbst nach dem Tode Deines Vaters.

Meine Mutter verhielt sich aber auch seltsam zu mir. Einerseits wollte sie, daß ich ging, andererseits band sie mich an sich. Trotzdem hatten wir kein Vertrauensverhältnis zueinander, wir tauschten uns nicht gegenseitig aus, es gab einfach nichts Gemeinsames.

Welche Rolle spielten die Gouvernanten in Eurer Kindheit?

Da war die Durand, Bisé genannt, die mächtig autoritär, aber auch ganz liebevoll mit uns war. Dann hatten wir noch viele andere, die aber alle nicht sonderlich anhänglich waren.

Als Alberto im Codivilla-Sanatorium lag, hast Du ihn da manchmal besucht?

Ja, verschiedene Male. Ich kann mich an einen Freund erinnern, den er dort hatte und an dem er sehr hing. Ein bildhübscher junger Mann, der, glaube ich, aus Triest stammte. Alberto hielt die Sachen, die wir ihm mitbrachten, zurück, um sie ihm zu schenken.

Woran kannst Du Dich noch erinnern, wenn Du an die Besuche im Sanatorium zurückdenkst?

Mir fallen noch die Päckchen mit den Handspiegeln ein, die Alberto dazu benutzte, um von seinem Bett aus die Straße zu beobachten. Da er sie laufend zerbrach, kaufte meine Mutter ihm gleich einen ganzen Stapel.

Hat auch Gastone Alberto im Sanatorium besucht?

Ich glaube nicht. Gastone, mußt Du wissen, war in unserem Leben so etwas wie eine Sternschnuppe: Zuerst hat er gelernt und immerzu gelernt, und dann ist er in den Krieg gezogen und gestorben.

Kannst Du Dich noch an Eure Cousins, die Rossellis, erinnern?

Nur schwach; dafür aber an Tante Amelia. Sie sah sehr schön aus und war hochintelligent. Meine Mutter behauptete von ihr, sie hätte die Söhne mir ihren politischen Ideen ins Verderben gestürzt.

Hat Eure Mutter, Deiner Meinung nach, Alberto vorgezogen?

Bis Gastone auf die Welt kam, ja. Sie hing ja so an ihm, und auch er liebte sie innig und hing immer an ihrem Rockzipfel. Aber dann wurde Gastone der Liebling.

Glaubst Du, daß Alberto eifersüchtig war?

Ich glaube nicht. Im übrigen gehörte er nicht zu den Menschen, die ihre Gefühle offen zeigten. Mit uns war er nur selten zusammen, und besonders mit mir hat er niemals ein vernünftiges Wort gewechselt, er machte sich nur lustig über mich. Ein einziges Mal hat er sich, zu meiner allergrößten Verwunderung, eingemischt.

Wie kam denn das?

Ich war verlobt mit einem Polen, der mich heiraten wollte. Und Alberto ging, ganz so wie ein traditioneller Bruder gehandelt hätte, auf ihn zu und fragte ihn, was er wollte, was für Absichten er hätte, was er arbeitete usw. Das wirkte ausgesprochen merkwürdig auf mich in diesem Augenblick. Die Art war mir fremd an ihm, denn normalerweise mischte er sich nie ein, sondern verhielt sich wie ein Zuschauer.

Warum hat er sich in diesem Fall eingemischt?

Das weiß ich nicht. Aber wie auch immer, ich war in den Polen nicht richtig verliebt, ich mochte eben einfach ausländische Männer. So war ich zuerst mit einem Ungarn verlobt; er war Arzt; eines Tages bat er mich auf Knien, ihn zu heiraten; ich lehnte ab. Aber das geschah erst sehr viel später, 1944. Er blieb hartnäckig und war ganz verzweifelt. Um ihm den Wind aus den Segeln zu nehmen, flunkerte ich ihm vor: »Ich kann Dich nicht heiraten, weil ich keine Jungfrau mehr bin.« Aber er ließ sich dadurch nicht entmutigen.

Alberto sagt, daß Du ein ausgesprochen hübsches Mädchen gewesen bist. Warum hast Du nicht heiraten wollen?

Ich wollte frei sein. Ich verliebte mich, ich verlobte mich, und als dann der Moment kam, zu heiraten, ergriff ich die Flucht: Ich war die Ewige Verlobte.

Hat sich denn Dein Vater manchmal in Deine Angelegenheiten eingemischt?

Nein, niemals. Im übrigen, wann war er schon zu Hause? Er war ja immer fort. Nur einmal, entsinne ich mich, tat er etwas Unerwartetes. Ich war zum Tanzen ins Excelsior gegangen, mit zwei Verehrern. Mein Vater hatte mir gesagt: »Komm vor Mitternacht zurück.« Es waren noch keine zehn Minuten nach Mitternacht vergangen, als er im Excelsior auftauchte, vor Wut schäumend. Er packte mich am Arm und brachte mich nach Hause.

Wie verhielt sich Deine Mutter zu Deinen diversen Verlobten?

Sie ignorierte sie, ohne allerdings Mißbilligung zu zeigen. Vielleicht erlebte sie durch mich die Freiheit, die sie selber nicht hatte. Obgleich diese Freiheit ihre Grenzen hatte; damals schliefen Verlobte noch nicht miteinander, sondern es wurden Zärtlichkeiten ausgetauscht und auch mal ein Kuß. Mit achtzehn lernte ich einen sehr gutaussehenden Franzosen kennen, ich sehe ihn noch vor mir, und wir verlobten uns. In den Augen meiner Mutter war er der ideale Ehemann für mich, und so beschloß sie, daß ich ihn heiraten sollte. Er hatte mir auch einen schönen Ring geschenkt. Der Sommer kam, und meine Mutter fuhr wie jedes Jahr mit Adriana nach Salsomaggiore. Ich nutzte die Gelegenheit und löste die Verlobung mit dem Franzosen. Meiner Mutter teilte ich schriftlich mit, daß ich ihn verlassen hatte. Sie war völlig außer sich, glücklicherweise aus der Ferne. Ich meinerseits gab ihm Ring und Briefe zurück.

Warum machte Dir denn die Ehe solche Angst?

Weil sie etwas Endgültiges war und es kein Zurück mehr gab.

Aber schließlich hast Du doch geheiratet, wenn auch spät.

Wenn ich nicht Carlo getroffen hätte, wäre es nie dazu gekommen.

Und worin unterschied sich Carlo von all den anderen?

Er war gutherzig, einfühlsam, intelligent und überhaupt nicht besitzergreifend. Und außerdem, weißt Du, war ich selbst kein kleines Mädchen mehr, als ich heiratete, sondern wußte genau, was ich wollte. Er seinerseits war noch verheiratet, als ich ihn kennenlernte, und lebte in Scheidung. Meine Wahl habe ich als Erwachsene getroffen, und, glaube mir, ich habe sie nie bereut. Als Botschafter war er viel auf Reisen, und ich konnte ihm bei der Vorbereitung von Empfängen zur Seite stehen, ebenso wie ich ihm dabei half, eine gastfreundliche Atmosphäre in der Botschaft zu schaffen und den Kontakt zu den Bewohnern des Landes zu pflegen, wie es überhaupt viel zu tun gab. Solange ich mich erinnere, haben wir uns nie gestritten.

Alberto erinnert sich, Dich oft mit dem Tennisschläger in der Hand gesehen zu haben.

Ich habe Tennis sehr geliebt und war auch eine gute Spielerin, sogar bis zur Meisterschaft im Doppel in Rom habe ich es gebracht und auch etliche Wettkämpfe gewonnen.

Und warum hast Du dann aufgehört zu spielen?

Mit einem Mal war ich es eben leid.

Hast Du mit Gastone mehr Umgang gehabt als mit Alberto?

Gastone war als Junge sehr empfindsam, eigentlich schon übersensibel. Ich kann mir gar nicht vorstellen, wie er es in dieser grausamen Welt ausgehalten hätte, so gutherzig und zartfühlend war er. Ich sehe ihn noch, wie wir alle anstanden, um uns von Papà unser Taschengeld auszahlen zu lassen. Für die anderen hätte er sich jederzeit in Stücke zerreißen lassen.

Wann war das?

Naja, wir waren Jugendliche, so um die vierzehn, fünfzehn. Wir stellten uns vor Papàs Schreibtisch in Reih und Glied auf, um uns die paar Lire abzuholen, die eine Woche lang reichen mußten.

Was habt Ihr mit diesem Geld angefangen?

Wir haben uns Gebäck und Zuckerplätzchen gekauft.

Nicht aber Kleidung oder Bücher?

Doch, Bücher schon, die billigen von den Bücherwagen. Aber Kleidung nicht, die kaufte Mammà uns.

Wenn Du an Alberto als Kind zurückdenkst, woran erinnerst Du Dich da am liebsten?

An bestimmte Augenblicke beim Spielen, als wir im Hause herumtobten, auch wenn es dann mit Knuffen und Zwicken endete; er konnte so herrlich ausgelassen sein.

Und woran erinnerst Du Dich ganz besonders ungern?

An die Zeit seiner Krankheit. Es war schmerzlich, ihn immer im Bett zu wissen. Ich erinnere mich noch, wie er die Bettücher mit Tinte befleckte und damit das Hausmädchen zur Verzweiflung brachte.

War Deine eigene Kindheit glücklich?

Nicht sehr, eigentlich kaum. Ich war viel allein.

Dasselbe sagt Alberto von sich. Und er behauptet, Du seist immer mit Adriana zusammen gewesen; er sah in Euch zwei enge Freundinnen und hielt sich selbst für den einzigen Eingelgänger in der Familie.

Weil er sich kaum um uns gekümmert hat. Wenn er uns nämlich genauer beobachtet hätte, wäre ihm deutlich geworden, daß Adrianas und mein Zusammensein bloß familiäre Gewohnheit war, daß wir aber nicht richtig vertraut miteinander waren. So hatte Adriana ihren eigenen Freundeskreis, mit dem ich nichts zu tun hatte. Ich dachte, daß wiederum Adriana und Alberto sich viel näher gestanden, sich häufiger gesehen und mehr miteinander zu tun gehabt hätten. Jedenfalls fühlte ich mich allein gelassen im Verhältnis zu ihnen beiden.

Kurz gesagt, jeder in Eurer Familie fühlte sich allein – den anderen zum Trotz.

Wahrscheinlich muß man alles auf die Art des Einflusses zurückführen, der von meinem Vater ausging. Mit seinem Charakter eines immerfort muffeligen Brummbären hat er uns alle dazu gebracht, daß jeder für sich blieb und auch keine Verbindung zum anderen suchte. Mit schlechtem Beispiel ging er uns voran, blieb stets für sich allein oder ging einfach fort. Meine Mutter ihrerseits war auch immerzu allein. Und wir waren es genauso.

Nachwort

Dacia Maraini wurde 1936 in Florenz geboren. Sie verbrachte ihre Kindheit in Japan; lebt seit vielen Jahren in Rom. Sie schreibt Essays, Romane, Gedichte und Erzählungen und wurde in den siebziger Jahren vor allem als feministische Autorin bekannt. Seit 1980 werden auch ihre Theaterstücke zunehmend inszeniert.

Dacia Marainis Prosa beschreibt mit großer Erzähllust den italienischen Alltag, die Frau-Mann-Probleme in allen gesellschaftlichen Schichten, die Möglichkeiten eines gesellschaftlichen Engagements und die großen Enttäuschungen. Ihre Sprache ist nie ideologisch, sondern stets humor- und liebevoll ironisch.

Dacia Maraini lernte ich 1985 in Rom kennen. Sie ist humorvoll, sympathisch und lebendig — so wie ich sie mir beim Lesen ihrer Bücher vorstellte. Die klare Bestimmtheit ihres Engagements für viele Fragen läßt ihr zudem Raum für ihre ungewöhnliche Offenheit und Fähigkeit zur Kooperation.

Alberto Moravia wurde 1907 in Rom geboren. Kindheit und Jugend wurden durch die Erkrankung an Knochentuberkulose bestimmt. Mit seinem ersten Roman *Die Gleichgültigen* (1929) erwarb sich Moravia seinen Weltruhm als Meister der italienischen

Gegenwartsliteratur. 1941 bis 1962 war er mit der Schriftstellerin Elsa Morante verheiratet und lebte danach über achtzehn Jahre mit Dacia Maraini zusammen.

Alberto Moravia lebte immer in Rom, unterbrochen nur von einem kurzen Exil mit Elsa Morante während des Faschismus (Moravias Bücher wurden verboten); zahlreiche Reisen, vor allem nach Indien, China und in die UdSSR. Moravia kennt Rom also noch aus einer Zeit, da die *Campagna* in die Stadt hineinwuchs. Heute bezeichnet er die Stadt als »Dritte Welt«, Schauplatz seiner Bücher ist Rom aber nach wie vor geblieben.

In *Die Gleichgültigen* wird der Verfall einer Epoche und Klasse, die Dekadenz der römischen Borghesia deutlich, in seinem Roman *Der Konformist* der aufkommende italienische Faschismus. In seinen *Römischen Erzählungen* und den Romanen *Die Römerin* und *La Ciociara* schildert er das Rom der kleinen Leute, den proletarischen Mythos. Sexualität und Klasse als Problem der Unbeweglichkeit, Indifferenz und Normalität als Preis der Gesellschaft bleiben Moravias Themen bis heute: so in seiner frühen und schönen Erzählung *Agostino*, in seinen Romanen *1934 oder Die Melancholie*, *Der Zuschauer* und in seinen zahlreichen Erzählbänden.

Dacia Maraini und Alberto Moravia haben sich nicht nur als Schriftsteller einen Namen gemacht, in Italien sind sie öffentliche Figuren, ja Instanzen geworden. Sie führten unzählige Debatten zu Zeitfragen auf den ersten Seiten der italienischen Presse, so mit ihrem langjährigen Freund Pier Paolo Pasolini: aber nicht nur miteinander, sondern auch gegeneinander. So stritt Dacia Maraini mit Pasolini über das Thema Abtreibung und mit Moravia über gleichgeschlechtliche Liebe. Die öffentliche Streitlust der Intellektuellen hat in Italien nicht allein das Feuilleton als Kulturghetto zur Bühne. Durch Kolumnen auf den ersten Seiten und größere Möglichkeiten in den Medien sind sie der breiten Öffentlichkeit vertraute Persönlichkeiten.

Alberto Moravias Engagement reicht in den letzten Jahren bis in die direkte Politik hinein: Er wurde parteiloser Abgeordneter im Europaparlament und arbeitet im Ausschuß für ökologische

Dacia Maraini; Photo Rudolf Westenberger

Fragen, hält vehemente Reden gegen die Selbstzerstörung der Menschheit und bezeichnet sich in diesem Zusammenhang als »Zoologe«, schreibt aber auch tagebuchartig ironische Texte über die Parlamentarier und ihre Scheinkompetenzen.

Rom ist der Schauplatz des Buches *Der Junge Alberto*. Alfred Andersch schrieb:

> »Wenn man die italienischen Schriftsteller liest, staunt man, mit welcher uralten Klugheit sie nach den Mythen der Jugend greifen; es ist, als kämen sie gar nicht auf die Idee, sie könnten etwas schildern, das sie nicht so genau kennen wie den Bezirk ihrer ersten Schritte, den Raum, in dem sich ihr Bewußtsein entwickelte. (. . .) Das ist der Grund, warum wir uns mit Moravia in Rom befinden.«

Dacia Maraini dirigiert Moravias Erinnerungsfluß mal verhalten, mal bestimmt und macht so indirekt deutlich, auf was es ihr ankommt. Dabei erweist sich ihr Versuch, per Gespräch eine Biographie der Kindheit und Jugend Moravias zu schreiben, als schwierig: Die Musen sind die Töchter der Erinnerung, aber Alberto Moravia sperrt sich gegen die Vergangenheit, gegen seine Erinnerungen und verneint mögliche Bezüge zwischen Autobiographie und Werk. Doch behutsam setzt Dacia Maraini Moravia auf seine Spur und macht sichtbar, warum er bei bestimmten Fragen knapp und manchmal schroff antwortet, als wolle er sich gar nicht erinnern. Auf andere Fragen antwortet Moravia mit Fabulierlust: seine Erinnerungen an die Familie, die Krankheit, die römische Borghesia, die Stadtlandschaften; die literarisch-kulturellen und politischen Persönlichkeiten jener Zeit schreiben nicht nur ein Stück Biographie des Schriftstellers, sondern Italiens.

Die Einsamkeit und Fremdheit des Jungen Alberto, seine schwere Krankheit, die ihn jahrelang an das Bett fesselte, bestimmen die Grundhaltung seiner Bücher. Der Blick aus dem Klinikfenster hinaus sowie die Lektüre als Weltersatz für den Jugendlichen Alberto Moravia erklären seine Erzählhaltung: die des Zuschauers. Moravia ist und bleibt ein hervorragender und detailfreudiger Beschreiber von Interieurs; Interieurs italienischer Villen oder Miethäuser wie auch dem Innenleben ihrer Bewohner.

Sexualität (Moravias Bücher kamen im katholischen Italien

mehrfach auf den Index) und Klassenzugehörigkeit sind der Schlüssel zu seinem Werk mit Weltauflage. Moravia kritisiert Verdrängung, Anpassung und zwanghafte Normalität. Man sollte den Preis der Normalität nicht zahlen und sich vielmehr eingestehen: Ich sind Viele! Das Grundgefühl des Lebens benennt Moravia mit einem Kierkegaard-Zitat in seinem Roman *1934 oder Die Melancholie*: »Man muß verzweifelt sein, um nicht zu verzweifeln.«

Dacia Marainis Annäherung an die Gesichter des Jungen Alberto Moravia zeigt die Wurzeln der genannten Problematik. *Der Junge Alberto* erschien 1986 bei Bompiani (dem Verlag Moravias) in der Roman-Reihe. Das verwundert zunächst: Die Textform ist die des Gesprächs, doch die Frage- und Erzählhaltung der beiden ist kaum die zweier Eng-Vertrauter, sondern eher die zweier Intellektueller. Dadurch entsteht die nötige Distanz für Literatur und in diesem Buch ein literarisches Panorama: Dacia Maraini und vor allem Alberto Moravia werden nach und nach selber zu literarischen Figuren, die sich fragend durch das römische Ambiente jener Zeit bewegen.

Alberto Moravia besuchte ich im Sommer 1986 in Sabaudia in seinem Ferienhaus am Meer. Die Haustür stand offen, ich trat ein und ging gleich durch in das Wohnzimmer. Moravia saß mit geschlossenen Augen in einem Sessel, neben ihm lag aufgeschlagen ein Buch. Ihm gegenüber lief der Fernseher, der Ton war abgedreht. Es ist merkwürdig, bei der Lektüre seiner Bücher hatte ich ihn selbst mir nie vorgestellt, und doch erkannte ich ihn hier gleich wieder.

Christoph Klimke
Berlin im August 1987

Biographische Hinweise
zu den erwähnten Personen

Lucio D'Ambra (d. i. Renato Edoardo Manganetta; 1880-1939), Autor von Trivial- Literatur.

Edmondo De Amicis (1846-1908), Verfasser von sprach- und literaturwissenschaftlichen Schriften (vor allem über Manzoni), Reiseberichten und sentimental-optimistischen Romanen.

Gabriele D'Annunzio (1863-1938), Schriftsteller. Führender Vertreter des Ästhetizismus und der Dekadenz. Im 1. Weltkrieg Flieger und Führer bei der legendären Besetzung Fiumes. Für seine pathetische Dichtung war seine Leidenschaft für Eleonora Duse von Bedeutung. D'Annunzio schuf sich durch seine Parkanlage *Il Vittoriale* am Gardasee einen kultischen Ort.

Ludovico Ariosto (1474-1533), Dichter; zunächst am Hofe von Ferrara. Ariosto gilt bis heute als der Schöpfer der Renaissancepoesie (*Orlando furioso*).

Sam Benelli (1877-1949), Schriftsteller und Journalist. Verfasser zahlreicher Komödien.

Bernhard Berenson (1856-1959), Historiker und bekannter Kunstkritiker.

Nino Berrini (geb. 1879), Dramaturg und Journalist, Kritiker bei *Gazzetta del Popolo* und *La Stampa*.

Antonio Giuseppe Borgese (1882-1952), Schriftsteller, bedeutender Literatur-Kritiker.

Virgilio Brocchi (1876-1961), Autor von Trivial-Literatur.

Andrea Caffi (1887-1955), Journalist, zeitweise Rußland-Korrespondent des *Corriere della Sera*.

Cecco Beppe, lautmalerischer Schimpfname (etwa der ›deppe Sepp‹ oder der ›Tschechen-Sepp‹) für den österreichischen Kaiser Franz Joseph (gest. 1916).

Luigi Colacicchi (1900-1976), Journalist, Musiker und Komponist.

Benedetto Croce (1866-1952), Philosoph und Politiker. Verfaßte 1925 das Manifest der antifaschistischen Intellektuellen, 1943/44 Mitbegründer und Präsident der Liberalen Partei.

Eleonora Duse (1858-1924), Schauspielerin, wurde in Italien als Kultfigur verehrt und schon zu Lebzeiten zum Mythos.

Enrico Fermi (1901-1954), italienischer Kernphysiker, Professor in Rom, später in den Vereinigten Staaten, verwendete als erster Neutronen zur Umwandlung schwerer Atomkerne (Uran) und war maßgebend am Bau des ersten Kernreaktor (1942) beteiligt. 1938 erhielt er den Nobelpreis für Physik.

Giacinto Gallina (1852-1897), Schauspieler, der vor allem durch seine Rollen in Stücken Goldonis bekannt wurde.

Giuseppe Garibaldi (1807-1882), italienischer Freiheitsheld, kämpfte als Anhänger der radikalen Richtung Mazzinis in der Revolution von 1848/49 und leitete zuletzt die Verteidigung des aufständischen Rom. Garibaldi war die populärste Persönlichkeit im Italien des 19. Jahrhunderts.

Carlo Goldoni (1707-1793), Schriftsteller, wurde durch seine Lustspiele als Erneuerer der italienischen Komödie bekannt.

Attilio Mario Levi (geb. 1902), Historiker. Da er während des Faschismus wegen seiner jüdischen Herkunft verfolgt wurde, publizierte er unter dem Pseudonym Mario Canavesi. Verfasser zahlreicher Schriften über die Geschichte Italiens, vor allem Roms.

Antonietta Mafai (geb. 1900), Malerin und Bildhauerin und Mario Mafai (1902-1965), Maler; zusammen mit Scipione Mitbegründer der *Römischen Schule*.

Giovanni Malagodi (geb. 1904), bekannter italienischer Politiker im Nachkriegsitalien, Vorsitzender der Liberalen Partei.

Alessandro Manzoni (1785-1873), bedeutender italienischer Schriftsteller. Bekannt wurde er vor allem durch seinen Roman *Die Verlobten* (1827). Zu Manzonis Totenfeier verfaßte Giuseppe Verdi sein *Requiem*.

Mario Mariani (1884-1951), Erzähler, Lyriker, Essayist und Journalist.

Augusto De Marsanich (1891-1973), Abgeordneter der neofaschistischen MSI, schließlich Senator.

Giacomo Matteotti (1885-1924), führender Repräsentant der Sozialistischen Partei Italiens (PSI). Gründete Ende 1922 zusammen mit Filippo Turati den Partito socialista unitario und forderte im Parlament, unter Aufzählung der vielen Behinderungen und Gewaltaten, die Wahlen vom April 1924 als nichtig zu erklären. Er wurde am 10.6.1924 von den Faschisten entführt und ermordet.

Giuseppe Mazzini (1805-1872), italienischer Freiheitskämpfer, erstrebte die Einigung Italiens in Form einer einheitlichen Republik und den friedlichen Zusammenschluß Europas unter Wahrung der nationalen Identität.

Elsa Morante (1918-1985) gilt als die bedeutendste italienische Schriftstellerin der Gegenwart. Sie war einundzwanzig Jahre mit Alberto Moravia verheiratet. Ihren Weltruhm errang sie mit dem Roman *La Storia*.

Benito Mussolini (1883-1945), 1901 Volksschulehrer, seit 1900 Mitglied der Sozialistischen Partei (PSI), 1912 bis 1914 Chefredakteur des Parteiorgans *Avanti*, plädierte bei Kriegsausbruch 1914 für eine Kriegsbeteiligung Italiens. Bruch mit den Sozialisten, Gründung der Zeitung *Il Popolo d'Italia*, Marsch auf Rom im Oktober 1922 und anschließende Ernennung zum Ministerpräsidenten. Mussolini wurde am 28.4.1945 von italienischen Partisanen erschossen.

Adriano Olivetti (1901-1960), Industrieller und Verfasser zahlreicher politisch-philosophischer Schriften, Mitglied der Sozialistischen Partei Italiens (PSI), für die er ins Parlament einzog.

Geno Pampaloni (geb. 1918), Publizist, Redakteur bei *L'Italia libera*, war dann bei Olivetti und in der Bauwirtschaft tätig, schließlich Verlagsdirektor von *Valecchi*. Als Literaturkritiker Publikationen über Italo Svevo, Vitaliano Brancati, Elio Vittorini und Cesare Pavese. Gibt beim Verlag Bompiani das Gesamtwerk Moravias heraus.

Mario Pannunzio (1910-1968), Journalist und während des Krieges Herausgeber verschiedener Zeitschriften mit antifaschistischer Haltung.

Giovanni Pascoli (1855-1912), bedeutender Lyriker. In seinem umfangreichen lyrischen Werk verwendete Pascoli vor allem Naturbilder. Pasolini schrieb seine Examensarbeit über Pascoli.

Pier Paolo Pasolini (1922-1975), Maler, Schriftsteller, Kritiker, Filmregisseur. Pasolini wurde zunächst durch seine im Dialekt verfaßten Gedichte bekannt. Nach Verleumdungskampagnen Ausschluß aus der Kommunistischen Partei Italiens (KPI) wegen seiner Homosexualität. Viele Jahre eng mit Alberto Moravia und Dacia Maraini befreundet. 1975 wurde er unter bis heute nicht geklärten Umständen ermordet.

Enrico Pea (1881- 1958), Lyriker und Romancier.

Luigi Pirandello (1867-1936), Schriftsteller. Er gründete das *Teatro d'Arte* in Rom und war dort Leiter und Regisseur. Neben seinem umfangreichen Prosawerk machten ihn seine Theaterstücke zum bedeutendsten italienischen Dramatiker des 20. Jahrhunderts. Seinen Erfolg über Italien hinaus begründete er mit *Sechs Personen suchen einen Autor* (1921).

Pitigrilli (d. i. Dino Segre; 1893-1975), Literat, Herausgeber verschiedener Zeitschriften.

Carlo und Nello Rosselli (die ›Brüder Rosselli‹), Antifaschisten in der Widerstandsbewegung. Carlo Rosselli war einer der Mitbegründer der Widerstandsgruppe »Giustiziae Libertà«. Beide wurden 1937 von französischen Faschisten ermordet.

Dante Gabriel Rossetti (1828-1882), englischer Maler und Dichter.

Emilio Salgàri (1863-1911), Autor zahlreicher Abenteuerromane, gilt als der ›italienische Karl May‹.

Matilde Serao (1856-1927), Journalistin und Verfasserin bürgerlich-religiös orientierter Romane, gehörte dem Umkreis von Giovanni Verga an.

Scipione (d. i. Gino Beonichi; 1904-1933), Maler und Lyriker.

Scipio Slapater (1888-1915), aus Triest stammender Schriftsteller und Essayist.

Mario Soldati (geb. 1906), Schriftsteller, Journalist, Kritiker und Regisseur, Autor zahlreicher Dokumentationen in Presse und Fernsehen und von zahlreichen Kinofilmen.

Italo Svevo (d. i. Ettore Schmitz; 1861-1928), Schriftsteller. Er war seit 1904 mit James Joyce befreundet, durch den er entdeckt wurde. Seine häufig ironischen Romane gelten als Vorläufer des psychoanalytischen Romans.

Filippo Turati (1877-1932), Mitbegründer der Sozialistischen Partei (PSI) 1891. Gegner einer italienischen Beteiligung am 1. Weltkrieg, gründete mit Matteotti und Claudio Treves den Partito socialista unitario und ging 1926 ins Exil nach Frankreich.

Guido Da Verona (1881-1939), Autor von Trivial-Literatur.

Luciano Zuccoli (d. i. Luciano Graf von Ingelheim; 1868-1929), Schriftsteller und Journalist, bekannt für seine Polemiken im *Corriere della Sera*.

Auswahlbibliographie

Dacia Maraini

1961 La vacanza (Tage im August), Roman
1962 L'età del malessere (Zeit des Unbehagens), Roman
1966 Crudeltà all'aria aperta, Gedichte
1967 A memoria, Roman
1968 Mio Marito (Winterschlaf), Erzählungen
1970 Il ricatto a teatro e altre commedie, Drama
1972 Memorie di una ladra, Roman
1973 E tu chi eri, Drama
1974 Fare teatro, Essays
     La donna perfetta
     Donne mie, Drama
1978 Mangiami pure, Drama
     Dialogo di una prostituta col suo cliente
1980 Storia di Piera
1981 I sogni di Clitemnestra
1982 Lezioni d'amore, Drama
     Dimenticato di dimenticare, Drama
1984 Treno per Helsinki (Zug nach Helsinki)
1985 Isolina
1986 Il bambino Alberto (Der Junge Alberto)

Alberto Moravia

1929 Gli indifferenti (Die Gleichgültigen), Roman
1935 Le ambizioni sbagliate (Gefährliches Spiel), Roman
     La bella vita, Erzählungen
1937 L'imbroglio, Novelle
1940 I sogni del pigro, Erzählungen
1941 La mascherata, Roman
1943 L'amante infelice, Roman
1944 Agostino (Agostino), Erzählung

La speranza, Essays
L'epidemia, Erzählungen
1945 Due cortigiane, Novelle
1947 La Romana (Die Römerin), Roman
1948 La disubbidienza (Der Ungehorsam), Roman
1949 L'amore coniugale (Lea Baldoni und der Fremde), Erzählungen
1951 Il conformista (Der Konformist), Roman
1952 I racconti (Lichter von Rom), Erzählungen
1954 Racconti romani (Die Mädchen vom Tiber), Erzählungen
Il disprezzo (Die Verachtung), Roman
1957 La ciociara (Cesira), Roman
1958 Teatro, Dramen
Un mese in URSS (Eine russische Reise), Essays
1959 Nuovi racconti romani (Römische Erzählungen), Erzählungen
1960 La noia (La Noia), Roman
1962 Un'idea dell'India, Essays
1963 L'uomo come fine, Essays
L'automa (Das schöne Leben),Erzählungen
1965 L'attenzione (Inzest), Roman
Le luci di Roma (Die Lichter von Rom), Erzählungen
1966 Il mondo è quello che è, Drama
1967 Una cosa è una cosa (dt. 1969), Essays
1968 Il dio Kurt, Drama
La rivoluzione culturale in Cina (dt. 1968), Essays
1969 La vita è gioco, Drama
1971 Io e lui (Ich und Er), Roman
1973 Un'altra vita (Ein anderes Leben), Erzählungen
1976 Boh (Judith in Madrid), Erzählungen
1978 La vita interiore (Desideria); Roman
1980 A quale tribù appartieni (Afrikanische Impressionen), Essays
1982 1934 (1934 oder Die Melancholie), Roman
1983 La cosa (Die Frau im schwarzen Cape), Erzählungen
1985 L'uomo che guarda (Der Zuschauer), Roman
1986 L'angelo dell'informazione, Dramen

Nachweis der im Text benutzten Zitate.
Die mit einem Stern gekennzeichneten Zitate wurden von Traute Rafalski für diese Ausgabe überarbeitet und neu übersetzt.

[1] A.M. Der Ungehorsam, Reinbek bei Hamburg 1985, S. 58 f.*
[2] A. M. *Die Gleichgültigen*, E. Kaiser Verlag, S. 71
[3] A.M. *Agostino*, Reinbek bei Hamburg 1985, S. 62*
[4] a. a. O., S. 92*
[5] a. a. O., S. 93 ff.*
[6] a. a. O., S. 112*
[7] a. a. O., S. 113*
[8] a. a. O., S. 114
[9] a. a. O., S. 114 f.*
[10] a. a. O., S. 117 f.
[11] a. a. O., S. 118 f.
[12] a. a. O., S. 119
[13] a. a. O., S. 120
[14] a. a. O.
[15] a. a. O.
[16] a. a. O., S. 121*
[17] a. a. O., S. 125
[18] a. a. O., S. 134*
[19] A. M. *Der Ungehorsam*, Reinbek bei Hamburg 1985, S. 118*
[20] a. a. O., S. 118 f.*

ALEXANDER VERLAG BERLIN

LITERATUR *33 Liebesgedichte,* Auswahl und deutsche Versionen von Henriette Beese · Erich Fried – Heiner Müller, *Ein Gespräch* · Max Jacob, *Ratschläge für einen jungen Dichter* · Michail Kusmin, *Die Abenteuer des Aimé Lebœuf* und *Florus und der Räuber* · Dacia Maraini, *Der Junge Alberto Moravia* · Yukio Mishima, *Patriotismus* · Robert Musil, *Über die Dummheit* **THEATER** Denis Bablet, *Edward Gordon Craig* · Georges Banu, *Der Schauspieler kehrt nicht wieder – Japanisches Theater* · Peter Brook, *Der leere Raum* und *Wanderjahre* · Jonathan Cott, *Telefongespräche mit Glenn Gould · Der Regisseur Jürgen Fehling* · Haerdter/Kawai, *Die Rebellion des Körpers – BUTOH – Ein Tanz aus Japan* · Jan Kott, *Shakespeare heute* und *Das Gedächtnis des Körpers* · Barbara Schwerin von Krosigk, *Der nackte Schauspieler* · Lee Strasberg, *Schauspielen und das Training des Schauspielers* · Alexander Tairow, *Das entfesselte Theater* · Anno Wilms, *Lindsay Kemp & Company* **KUNST** Charles Baudelaire, *Das Schöne, die Mode und das Glück* Ernst Cassirer, *Grundprobleme der Ästhetik* · Benedetto Croce, *Was ist Kunst?* · *Der Kragstuhl/The Cantilever Chair* Grupo Chaclacayo, *Todesbilder* · Ingo Meller, *Farbduett* Gottfried Semper, *Über die formelle Gesetzmäßigkeit des Schmuckes* · A & P Smithson, *The 1930's* · *TECTA-Möbel Katalog* · Klaus-Jakob Thiele, *Über Hans Scharoun* · Stefan Wewerka, *CELLA* und *Bäume* · Oscar Wilde, *Kritik als Kunst*

Bitte fordern Sie das Gesamtverzeichnis an!
Postfach 19 18 24 · D-1000 Berlin 19

C 97/27

ro
ro
ro

C 2142/8

Literatur für Kopf Hörer

Produziert von Bernd Liebner

Eine Auswahl

Rowohlt Cassetten

C 2321/3

«Es ist eines, ein Buch zu lesen. Es ist ein neues und recht andersartiges Erlebnis, es von einem verständigen Interpreten mit angenehmer Stimme vorgelesen zu bekommen.»
Rudolf Walter Leonhardt, DIE ZEIT

Erika Pluhar liest Simone de Beauvoir
Eine gebrochene Frau
2 Tonbandcassetten im Schuber
(66012)

Bruno Ganz liest Albert Camus
Der Fall
Deutsch von Guido Meister.
3 Tonbandcassetten im Schuber
(66000)

Elisabeth Trissenaar liest
Louise Erdrich
Liebeszauber
2 Tonbandcassetten im Schuber
(66013)

Erika Pluhar liest Elfriede Jelinek
Oh Wildnis, oh Schutz vor ihr
Keine Geschichte zum Erzählen
1 Tonbandcassette im Schuber
(66002)

Hans Michael Rehberg liest
Henry Miller
Lachen, Liebe, Nächte
Astrologisches Frikassee
2 Tonbandcassetten im Schuber
(66010)

Literatur für Kopf Hörer

Armin Müller-Stahl liest
Vladimir Nabokov
Der Zauberer
Deutsch von Dieter E. Zimmer
2 Tonbandcassetten im Schuber
(66005)

Walter Schmidinger liest
Italo Svevo
Zeno Cosini
Das Raucherkapitel
1 Tonbandcassette im Schuber
(66007)

Uwe Friedrichsen liest
Kurt Tucholsky
Schloß Gripsholm
3 Tonbandcassetten im Schuber
(66006)

Christian Brückner liest
John Updike
Der verwaiste Swimmingpool
Der verwaiste Swimmingpool,
Wie man Amerika gleichzeitig liebt
und verläßt
Deutsch von Uwe Friesel und Monika
Michieli.
1 Tonbandcassette im Schuber
(66004)

Christian Brückner liest
Jean-Paul Sartre
Die Kindheit eines Chefs
Deutsch von Uli Aumüller
3 Tonbandcassetten im Schuber
(66014)

**Produziert
von Bernd
Liebner**

**Eine
Auswahl**

Rowohlt
Cassetten

C 2321/3 a

Pitigrilli

rororo

C 2319/4

Leo Perutz

rororo

C 2366/2